LA VIE DE RENAN

SUITE A LA VIE DE JÉSUS

TOULOUSE, IMPRIMERIE DE A. CHAUVIN,
Rue Mirepoix, 3.

LA
VIE DE RENAN

SUITE A LA VIE DE JÉSUS

PAR

M. M.....

L'histoire d'aujourd'hui.

QUATRIÈME ÉDITION.

TOULOUSE

DELBOY, LIBRAIRE, RUE DE LA POMME, 71

PARIS

DOUNIOL, LIBRAIRE | DENTU, LIBRAIRE
RUE DE TOURNON, 29 | PALAIS-ROYAL

1863

AVANT-PROPOS.

Il y a plusieurs choses, dit un docteur de l'Eglise, contre lesquelles on est obligé d'employer la raillerie, de peur de leur donner du poids en les réfutant sérieusement.

Rien n'est plus dû à la vanité des hommes que d'être raillés, et c'est précisément à la vérité qu'il convient de prendre le ton de raillerie, parce qu'elle est gaie, et de se jouer de ses ennemis, parce qu'elle est sûre de la victoire.

Cette pensée est de Tertullien. D'après cela, on pourrait s'étonner, au premier aspect, en voyant les évêques se fâcher tout rouge, pour ainsi dire, contre Renan, si on ne savait point que les pasteurs de l'Eglise tiennent la foudre en main contre le blasphème et l'erreur, et sont obligés, *par état*, de s'en servir, comme les potentats se servent du canon contre les ennemis de la patrie.

Mais comme je ne suis pas évêque, je me trouve, en conséquence, au nombre des mortels auxquels les paroles de Tertullien peuvent convenir, à cette heure où il m'est venu en pensée de répondre à l'auteur du livre intitulé : *Vie de Jésus.*

Je ne lancerai donc point des foudres à cet homme-là... Je ne lui lancerai rien du tout, sinon le simple récit de ses aventures passées, présentes et à venir, c'est-à-dire que, pour toute réponse, je le ferai connaître aux nombreux témoins de la comédie qu'il joue depuis quelque temps déjà.

C'est dans ce but que je me propose de le suivre :

Au séminaire,

Dans la terre sainte,

Dans la tour de Byblos,

A Rome,

En Bretagne,

Et à la Trappe.

Il est vrai qu'à l'aspect de notre entreprise, Renan se met à rire le premier, en nous montrant une belle bourse, pleine du prix de son blasphème... Mais disons-lui déjà : « Rira bien qui rira le dernier. »

PREMIÈRE PARTIE.

LE SÉMINAIRE.

CHAPITRE PREMIER.

RENAN ENTRE AU SÉMINAIRE.

> Où le prélat lui dit, en lui donnant la bourse :
> « L'Eglise, d'où vous vient ainsi cette ressource,
> Trouvera, je l'espère, en vous un ferme appui
> Contre l'impiété qui l'afflige aujourd'hui. »

Mme Renan avait soupçonné les belles destinées de son Abdon, tandis qu'elle le portait encore dans son sein.

Déjà, en effet, avant la naissance de son fils, elle avait dit à plusieurs personnes qu'elle savait fort bien devoir mettre au monde un garçon (elle avait déjà une fille dont nous devrons parler plus tard) et que ce garçon serait fort grand un jour..... Elle voulait dire un grand homme.

En attendant, il vint au monde fort petit, et pas beau.....

Or, cependant, Abdon fut bien malade, trois mois après son entrée dans la vie, si malade, que les médecins, du reste, les plus habiles qu'on avait su trouver, disaient tout bas : « Demain, et cette nuit même peut-être, il y aura un ange de plus au ciel..... »

Je n'essaierai pas d'exprimer la douleur d'une tendre mère qui venait de lire dans les yeux des meilleurs juges l'arrêt de mort de son enfant!

Toutefois, non moins remplie de confiance dans le Seigneur que d'amour pour Abdon : « Eh bien! dit-elle, ce qui est impossible aux hommes est possible à Dieu!.... »

Et s'étant agenouillée auprès du berceau de son ange expirant, elle priait avec larmes le Christ des pauvres mères, disant : « Si vous voulez, vous pouvez le guérir! » et elle ajouta : « Si vous le guérissez, j'en fais le vœu sincère dans ce moment suprême, nous en ferons un prêtre, nous en ferons..... un saint! »

Elle dit, et la paleur extrême qui couvrait le visage de l'enfant disparut soudain..... soudain le froid qui glaçait ses petits membres se dissipa, et l'ange souriait à sa mère..... Je vous laisse à penser si Mme Renan fut heureuse, et si elle cria miracle!

Les hommes de l'art qui avaient condamné le petit bonhomme à mourir, ayant appris qu'il n'avait pas subi leur sentence, se hâtèrent d'enregistrer, pour leur propre compte, une cure merveilleuse de plus, dont on parla beaucoup.

Quant à la mère chrétienne, elle crut fermement au prodige, et rendant l'honneur de la guérison à qui il était dû, elle appela Abdon « l'Enfant du miracle. »

Or, une fois sauvé de la sorte, Abdon se mit à croître en âge et en sagesse.

Bien qu'il ne se souvînt pas du tout, comme on peut le croire, de l'insigne faveur dont il avait été l'objet dès le berceau, il s'en rapportait parfaitement à sa mère, qui lui rappelait souvent le fameux prodige, afin de l'encourager à bien faire; et il agissait en conséquence, nous enseignant, fort jeune encore, à nous en rapporter au témoignage et à l'autorité.

On raconte donc que c'était plaisir de le voir réciter dévotement les prières d'usage, soir et matin, plaisir de le voir attentif à la messe et aux vêpres tous les dimanches et fêtes de l'année, à côté de sa pieuse mère.

On raconte surtout qu'il lisait avec une application parfaite, chaque jour, l'histoire sainte et les évangiles.

Il était si versé dans les Ecritures sacrées, déjà, que bien des personnes trouvaient un plaisir extrême à l'en entendre parler. Il répondait si parfaitement d'ailleurs aux questions qui lui étaient adressées, que plusieurs disaient entre eux : « Abdon ne vivra pas ! »

Cependant, ce qu'il aimait le plus dans les Ecritures, c'étaient les aventures de Moïse, puis les miracles du Christ.

On raconte, par exemple, que sa mère l'ayant perdu un jour, elle le retrouva dans une église, instruisant une foule de petits enfants auxquels il racontait les merveilles accomplies par Jésus.

Sa mère ne le gronda pas, mais le pria de l'informer de ses démarches, s'il lui prenait encore envie d'aller instruire la jeunesse.....

Disons, toutefois, que, chez Abdon, ce penchant pour le merveilleux avait une autre cause que la lecture des Ecritures saintes..... Un de ses oncles, en effet, espèce de prestidigitateur, lui avait un peu monté la tête, en lui faisant des tours de passe-passe, et en lui persuadant qu'il n'était pas nécessaire d'être Dieu pour faire des merveilles..... qu'il ne fallait pour cela que des *habiles* et des ignorants.

Voyant, en vérité, son oncle faire des prodiges, Abdon se mit à croire de bonne heure que Jésus avait été lui aussi *un habile*, et l'histoire était pour lui ce qu'était le laboratoire de son oncle, c'est-à-dire une école pour apprendre à faire des miracles.

Or, un jour il voulut essayer lui-même ses forces (authentique) : c'est pourquoi nous le voyons se retrancher dans une partie isolée de la maison maternelle, après s'être procuré deux verres, deux petits mouchoirs blancs, un carrelet, ou baguette, puis un cornet de pois et un cornet de fèves. Après qu'il a déposé religieusement les pois dans un gobelet, et ce qu'il croyait être des fèves dans l'autre gobelet, il recouvre le tout..... et frappant les trois coups traditionnels du bout de la baguette, il somme les pois de devenir des fèves, et les fèves de devenir des pois.

Il arriva que les pois ne changèrent pas de nature, parce qu'Abdon avait réellement mis des pois dans le gobelet; mais on raconte que les fèves parurent remplacées par des haricots bruns, à cause que le jeune prestidigitateur s'était mépris, en croyant voler des fèves à sa mère.

N'importe..... l'erreur ne se présenta pas à sa pensée, c'est pourquoi le miracle était bon. Il avait converti des fèves en magnifiques haricots.

Et ce fut ainsi le premier prodige de Renan..... et peut-être aussi l'origine du fameux miracle de nos jours qui lui a valu cinq cent mille francs. Dans ce temps-là, le bonhomme venait de finir sa dixième ou onzième année. Sa mère, jugeant qu'il était l'heure de se souvenir du vœu qu'elle avait fait au Seigneur, lui annonça son intention de l'envoyer au séminaire.

Empressons-nous de dire qu'Abdon accueillit avec joie le projet maternel, et qu'il se mit sans réserve à la disposition de sa maman. Heureuse maman !

Or, comme l'année scolaire allait bientôt commencer, Mme Renan se dépêcha à faire préparer le trousseau lévitique pour son fils : elle lui fit faire surtout une fort belle petite lévite noire, un charmant petit chapeau noir et une paire de jolis petits souliers vernis pour le dimanche, bien que ce ne fût pas la mode encore au séminaire de porter des souliers peints.

Certes, Renan était un fort gentil petit garçon quand il fut paré de tout ce qu'il avait de plus beau ! c'était plaisir de le voir quand il partit ainsi avec sa maman pour entrer au séminaire ; car sa maman voulut l'accompagner jusqu'au sein de l'asile auquel elle confiait son dépôt.

Mais chemin faisant (quelle chance !), ils rencontrèrent l'archevêque de Paris. Le prélat, qui connaissait bien la pieuse mère et qui n'ignorait pas le miracle dont son fils avait été l'objet, encore dans les langes, bien qu'il ne connût pas personnellement Abdon, s'approcha d'eux, les bénit, et prononça ces paroles, en montrant l'enfant : « Heureuses les entrailles qui ont porté cet ange ! heureuses les mamelles qui l'ont nourri d'un lait plus pur ! »

La mère ayant pris la parole à son tour, dit au prélat, après l'avoir remercié de son compliment et de sa bénédiction : « Je me suis présentée à votre palais deux fois depuis quelques jours, Monseigneur, sans avoir eu l'avantage de rencontrer votre auguste personne. La Providence, je le vois bien, nous a conduits sur vos pas, car nous étions à même de passer par un autre sentier. Alors donc, puisque c'est ainsi, puisque Dieu le veut, je me permettrai de demander à Votre Grandeur une bourse pour mon fils, qui entre aujourd'hui même au séminaire. »

Le prélat, fort bon d'ailleurs, mais qui était pressé de se soustraire aux badauds dont il attirait déjà l'attention, répondit de suite, en s'adressant au jeune lévite : « Je vous donne une bourse ; puisse l'Eglise se réjouir un jour de vous avoir nourri et élevé..... »

Et ayant béni de nouveau la mère et l'enfant, il s'éloigna, tandis que ceux-ci continuèrent leur route, n'étant point fâchés d'une aventure assez semblable à un miracle.

Mais la belle robe épiscopale, mais la croix d'or qui brillait sur la poitrine de l'archevêque, mais l'anneau d'or qui brillait à sa belle main, mais les boucles d'or de ses souliers, tout cela avait frappé Renan, qui sut bien dire à sa mère : « Maman, je voudrais bien être comme cela!..... Voudras-tu que je sois comme cela, maman? »

« Le bon Dieu, lui répondit sa mère, a fait pour vous de grandes choses; il faut espérer qu'il en fera encore. Au fait, pourquoi ne vous ferait-il pas évêque ? Que sais-je ! Mais, ajouta-t-elle, cherchons avant tout, mon fils, le royaume de Dieu, comme dit l'Evangile, que vous savez par cœur, et tout le reste nous viendra surabondamment..... »

« Tu as raison, maman, dit le moutard..... Le bon

Dieu a fait beaucoup pour moi, et il fera beaucoup encore, je l'espère. Quant au royaume céleste, sois tranquille, chère maman, je le chercherai..... »

Et ayant parlé comme un homme, il se mit à bondir comme un gamin autour de la *crinoline* de sa mère, tout en cheminant.

Mais encore un peu, et voilà le seuil du saint asile qui s'offre à leurs regards..... Encore un peu, et voilà les portes de la maison de Dieu qui s'ouvrent pour les laisser passer.....

Renan est au séminaire.

CHAPITRE II.

RENAN AU SÉMINAIRE.

> Où vous verrez Renan écraser les vipères
> Sous son rude talon ;
> Féconder du rocher les arides artères,
> Et tuer un dragon.

Ce qu'il y a de plus intéressant dans la vie d'Abdon, au séminaire, ce n'est pas son application à l'étude, ce n'est pas sa fort bonne conduite, ni son caractère assez doux, ni l'appétit charmant dont il jouit. Tout cela est fort bien, sans doute, mais il a cela de commun avec bien d'autres. Ce qui le distingue, c'est son brillant succès dans la partie des miracles. C'est pourquoi cette partie, seule, sera l'objet de notre étude en ce moment.

Toutefois, nous croyons pouvoir annoncer aux lecteurs une seconde étude relative à ses épreuves, à cause que la vie lévitique du jeune homme se compose de deux phases bien distinctes. Suivons-le d'abord dans les voies du succès.

Maintenant qu'il a vu son oncle faire des miracles, maintenant qu'il en a fait lui-même, il est bien certain pour Abdon que tout homme peut faire des prodiges. Cependant, que ne fera-t-il point, lui, qui non-seulement se trouve désormais à la source des faveurs célestes, mais qui touche encore au merveilleux par son berceau? Certainement il laissera bien loin derrière lui son pauvre oncle avec tous ses tours de passe-passe... « D'ailleurs, dit-il, l'histoire sainte lui apprend des choses plus curieuses que cela ! »

Il est vrai que Dieu semble avoir aidé les grands personnages de l'Ecriture à faire des miracles. Mais aussi, pourquoi Dieu ne l'aiderait-il pas lui-même, au besoin? Que lui faut-il donc pour faire du merveilleux? Une occasion, voilà tout..... L'occasion ne se fit pas attendre.

C'était un jour de promenade : la pépinière lévitique était allée dans la campagne, errer à l'aventure. Quelques lévites ayant aperçu une vilaine bête, qui se traînait dans l'herbe, s'enfuient avec épouvante, tout à coup...

Renan n'apprit pas, sans rire de pitié, le motif de cette fuite et de cette frayeur. C'est pourquoi, s'étant fait indiquer l'endroit où se trouvait l'affreuse bête, il s'élança rapide vers le lieu indiqué, bien qu'on lui criât en nombre qu'il allait être certainement dévoré.

Il n'en fut rien..... Au contraire, lorsqu'il eut aperçu le monstre horrible, il le regarda pour bien voir ce que c'était..... Et ayant eu le bonheur de reconnaître que c'était véritablement un aspic ou un basilic, il murmura ces paroles sacrées : *Super aspidem et basiliscum ambulabis*..... Puis, élevant hardiment son pied droit, à quinze pouces environ au-dessus de la bête, il lui posa résolûment sur la tête le talon de son soulier ferré.

La tête du monstre fut aplatie.

Le jeune lévite alors, prenant l'affreux reptile par la queue, le lança dans l'espace bien loin. Et ce fut son premier miracle depuis qu'il était au séminaire, et son second depuis qu'il était venu au monde.

Abdon ne s'arrêtera pas en si beau chemin. Il a marché sur l'aspic ou le basilic, il tuera le dragon et le lion, afin que s'accomplissent les paroles du texte sacré : *Et conculcabis leonem et draconem.*

On raconte donc qu'un affreux cerbère, bien semblable à un lion ou à un dragon, jetait l'épouvante dans les rangs lévitiques, lorsque les jeunes lévites se permettaient une délicieuse promenade d'ailleurs dans les contrées où prétendait régner en maître Goliath (c'était le nom du cerbère).

Or, il ne s'agissait de rien moins que de renoncer pour toujours à cette promenade, la préférée. Renan méditait sur les inconvénients d'une retraite aussi désagréable, lorsqu'il se dit un jour : « Malheur à Goliath ! »

C'est-à-dire qu'à l'exemple de David, il avait déjà fabriqué une fronde. Puis, il dit à tous les lévites rassemblés : « Ne craignez plus l'affreux dragon ! » Et on ne craignit point, en effet, de tenter, à la barbe du monstre, la promenade prochaine, afin de s'édifier encore davantage sur les prouesses du jeune lévite. Mais, cette fois, plus que jamais peut-être, le cerbère se précipita avec fureur aux trousses des séminaristes ; quand tout à coup il suspend ses aboiements formidables, chancelle sur ses bases, s'affaisse, puis se relève, et se traîne clopin-clopant dans quelque coin, on ne sait où, pour y mourir sans doute..... Goliath avait été frappé au cœur.

Ce fut le second prodige de Renan, depuis qu'il était au séminaire, et son troisième depuis qu'il était venu au monde.

Et, il fit encore un prodige, non moins remarquable que les premiers. On était au temps chaud ; et malgré la chaleur extrême du jour, mais comptant, peut-être, sur la brise légère, la noire cohorte avait essayé d'une excursion lointaine dans la campagne. La brise ne vint pas, et une chaleur plus intense que jamais avait réduit les jeunes lévites aux abois, semblables aux soldats d'Alexandre, qui n'en pouvaient plus un jour dans les déserts brûlants de l'Égypte ; semblables encore aux Israélites, impuissants à suivre Moïse dans ces mêmes déserts, à force de soupirer après les flots purs de la source.

Renan eut pitié des siens plus que de lui-même. C'est pourquoi, ayant fait courir l'œil et ayant aperçu un rocher, non loin, il leur montra le rocher, et il leur dit : « Courage jusque-là ! »

A cette voix et à ces accents, déjà bien connus, les jeunes lévites reprirent courage, et on arriva auprès de la roche. Elle était aride, mais qu'importe ! Armé d'un gros bâton plutôt que d'une baguette, Renan s'élance, et frappe un coup à démolir le rocher. En vérité, une légère fissure apparut sous le coup de baguette, et par cette fissure un peu d'eau jaillit un instant..... Il est probable qu'un autre se serait mis à boire de suite : mais Abdon se souvint du héros macédonien, de ce héros qui n'avait point voulu boire, parce que la source n'avait fourni d'eau que pour lui seul, c'est pourquoi il laissa couler et se perdre dans la poussière cette eau qui ne jaillissait pas pour tous..... Ce que voyant la cohorte sacrée, elle fut émerveillée de cette conduite, d'autant qu'Abdon était peut-être le plus altéré de toute la nombreuse famille.

Mais il allait frapper une seconde fois, sans doute. Tout à coup, la fissure s'élargit : elle devient un trou énorme, un trou gros comme le bras, et des flots abondants jaillissent de ce bloc infécond.

O merveille! Un méchant berger, qui avait coutume de garder ses troupeaux non loin de là, s'était amusé à fermer l'issue de la source avec de l'argile assez semblable à la couleur même du rocher. Renan avait frappé juste en cet endroit, et parce qu'il avait frappé avec vigueur, l'argile avait cédé, sinon tout à coup, mais bientôt, par suite d'un premier ébranlement. Or, ceci ne fut point remarqué. Et ce fut le troisième prodige depuis que Renan était au séminaire, et son quatrième depuis sa venue au monde.....

On raconte bien d'autres merveilles qui ne contiendraient pas dans plusieurs volumes ; mais je me plais à croire que j'en ai assez dit pour pouvoir m'écrier : Que pensez-vous que sera ce bonhomme ? *Quid putas puer iste erit?* Il se sert de la fronde comme David ; comme lui, il a délivré la terre d'un monstre! comme

2

Moïse, il a fait jaillir une eau pure et vive du rocher; comme lui, il a empêché une multitude altérée de mourir de soif! Et il a fait plus que ces illustres personnages, car il a broyé des bêtes piquantes et venimeuses, il a joué avec elles, pour ainsi dire, tandis que Moïse n'a jamais touché que des serpents d'airain ou de cuivre, et que David n'en a jamais touché d'aucune sorte!

Que pensez-vous donc, encore une fois, de l'avenir de ce moutard? *Quid putas puer iste erit?* Que sera Renan, je vous le demande, sinon le plus illustre des évêques, et peut-être même le plus illustre des prophètes?

Mais suivons notre héros, et nous verrons la seconde phase de sa vie au séminaire.

CHAPITRE III.

Où les lecteurs verront (mais sans pleurer) comment Jésus éprouvera le lévite Renan.

Il est une école supérieure à celle du succès, c'est l'école du revers; et c'est par l'école supérieure que Dieu veut faire passer Renan. Ce n'est pas que Dieu l'abandonne dans l'épreuve! Seulement il lui apprendra, je crois, que lui seul peut faire des miracles, et que si les hommes en font, c'est par le pouvoir qu'il leur donne d'en faire.

Renan avait besoin de cette petite leçon. Donc, un jour, en dépit de certains nuages bien faits déjà pour faire appréhender la pluie, il assura qu'il ne tomberait pas une goutte d'eau..... et comme c'était un jour de promenade, la pépinière lévitique se jeta dans la campagne, et même au loin, grâce à la prophétie de Renan.

Le prophète n'eut pas raison : une pluie torrentielle accueillit les promeneurs, tandis qu'ils étaient au loin dans la plaine. Ce n'est pas tout; mais les ruisseaux étaient devenus des torrents, et un pont jeté sur un ruisseau, par où s'opérerait le retour des lévites, avait été emporté par le flot tumultueux.

C'est pourquoi, quand elle fut en présence de l'obstacle infranchissable, la noire cohorte se trouvait dans un sérieux embarras, lorsque Renan, qui était déjà fort humilié de n'avoir pas réussi dans son essai en prophéties, s'adresse à ses condisciples et leur dit : « Vous passerez ! » et on le voit s'avancer sur la rive, jusqu'à ce qu'il touche le flot avec une espèce de bâton qui lui était tombé sous la main. On prétend qu'il se proposait de diviser le flot, ainsi que Moïse avait divisé les eaux du Jourdain, autrefois.

Il aurait pu y réussir, mais il n'en eut pas le temps : tout à coup, en effet, il glisse des deux pieds à la fois, et disparaît comme un caillou dans le précipice. Un cri de détresse s'échappa à l'instant de toutes les poitrines, et ce cri, répété par des échos nombreux, alla retentir jusqu'aux hameaux les plus lointains de la plage. Mais c'était tout, et rien ne pouvait arracher le malheureux à sa perte, si Dieu ne s'en était mêlé !

C'est pourquoi, attiré par le cri de détresse, un gros chien accourt de toute sa rapidité vers le lieu d'où était parti le cri d'angoisse, et où d'ailleurs il apercevait une foule qui ne lui était pas inconnue..... C'était le pauvre Goliath qui venait sauver son malheureux bourreau.

Il court donc, il vole, il touche à la rive, il flaire

les bords du torrent..... il plonge dans l'abîme, et après une lutte dans laquelle il est enfin vainqueur, il ramène le jeune lévite au rivage.....

On dit qu'il reconnut Renan, et qu'à cet aspect, il avait grincé des dents et agité son énorme queue. Néanmoins, il ne souilla point sa belle action par la vengeance.....

Or, il y avait bien un prodige, certainement, dans le sauvetage qui venait de s'accomplir; mais parce que Renan, lui, n'avait pas fait le sien, celui du bon Dieu ne compta pas, ni celui de Goliath..... et il appela ceci une épreuve.....

Il n'en a pas fini avec la nouvelle école. Voici, en effet, ce qui s'est passé encore...... Abdon et quelques-uns de ses condisciples étaient allés, profitant de quelques jours de vacances, se promener dans la campagne..... C'était la saison des nids d'oiseau.....

Ils aperçurent un nid, en effet, à la cime d'un peuplier..... Bien plus, ils purent remarquer le père et la mère des jeunes habitants du nid portant de la nourriture au bec pour la nichée..... Il était évident qu'il y avait là des petits, et on les eût bien voulu emporter à la maison. Mais que faire? chacun trouvait l'arbre trop élevé..... et sans doute on aurait renoncé à toute tentative d'ascension, lorsque sortant comme d'une courte méditation, Renan s'écria : « Je monterai! et pourquoi, ajouta-t-il, ne monterais-je point, lorsqu'il est écrit : « Si vous tombez, j'enverrai mes anges afin qu'il ne vous arrive aucun mal? »

Et il aborda le peuplier..... s'y accrocha résolûment et grimpa en peu de temps jusqu'à la cime. Déjà son œil plongeait dans le bienheureux nid..... déjà il pouvait contempler cette douce et petite famille, et déjà sa main allait saisir l'objet si désiré, aux applaudissements de tous ses condisciples, mais au regret suprême du père et de la mère des petits oiseaux, qui eux font retentir les airs de leurs cris gémissants.....

Tout à coup..... malheur! la branche qui se trouvait sous les pieds d'Abdon, la branche qui lui servait d'appui, et qui n'était pas plus grosse que le doigt, se rompt, et Renan tombe dans le vide......

Rassurez-vous, lecteur, si Dieu ne lui envoie pas ses anges (ce à quoi il n'est pas absolument obligé, je pense), il enverra autre chose pour le sauver.

Et, en effet, un jeune enfant du village voisin gardait, non loin de cet endroit même où se trouvaient les lévites, un troupeau d'animaux immondes..... et l'un de ces animaux se trouvait justement à passer sous l'arbre à l'heure où Abdon tombait de la cime élevée. Or, c'est lui véritablement que le ciel envoie pour sauver le malheureux.

Renan, en effet, tomba tandis que l'animal passait, et celui-ci le reçut, non point dans ses bras, mais sur son dos, heureusement fort large et fort épais.

Le lévite n'eut aucun mal; la bête immonde n'eut pas de mal non plus..... Seulement, comme tout ceci avait un peu étonné la pauvre bête, elle partit à travers champs, comme si le diable l'emportait, et elle disparut, sans qu'on ait jamais pu savoir ce qu'était devenu le second sauveur de Renan.

Quant à Abdon, il est dit que, pour n'avoir pas été sauvé par un ou plusieurs anges, il faisait une fort pauvre mine au bon Dieu, plutôt que de le remercier. Il est vrai que dans tout ceci la vertu du lévite s'efface, tandis que la puissance divine se révèle, en dépit des moyens dont elle se sert..... C'est pourquoi il enregistra une épreuve de plus.

Quoi qu'il en soit, voici une troisième leçon : Abdon avait certainement du courage..... mais il exaltait peut-être un peu trop sa bravoure..... C'est pour cela, sans doute, que quelques-uns de ses condisciples formèrent le projet de le mettre à l'épreuve.

Or, une nuit, à minuit environ, Renan sommeillait, lorsqu'une voix plaintive vient l'exciter de son profond sommeil. Comme il avait cru entendre que cette voix disait : Mon fils ! il répondit : Ma mère ! et il se leva de son lit, fort préoccupé, pour allumer une bougie. Ne trouvant point d'allumettes, il voulut ouvrir la porte de sa chambre, afin d'interroger les environs. Mais il ne put pas ouvrir, et il fut tout troublé de cet état de choses.

Que faire, néanmoins ? Vous comprenez sans peine qu'un brave ne pouvait pas appeler au secours pour si peu..... Il se met donc à être attentif s'il entendrait quelque bruit, afin de se décider à n'importe quoi.....

Au même instant, il sentit comme une main glacée et humide lui passer sur le dos, sans qu'il pût rien saisir, malgré le mouvement rapide avec lequel il essaya de s'emparer de l'objet dont il était touché. On dit qu'il s'émut alors profondément. Mais lorsqu'une voix plaintive retentit encore après l'attouchement glacial, Abdon perdit la tête d'épouvante, et s'élança avec tant de vigueur contre la porte fermée, afin de s'enfuir de sa chambre, que la porte céda, et lui ouvrit un large passage.

Où ira-t-il, vêtu seulement de l'indispensable? — Il n'en sait rien; il fuit, il se précipite, voilà tout, dans le long corridor de l'établissement.

Un des complices, qui se trouvait à quelques pas dans le corridor, n'eut pas le temps de se dérober à cette fuite, et il fut violemment renversé sur le sol, tandis qu'Abdon s'en alla, de son côté, tomber, rouler dans la poudre, à vingt pas de là, en s'écriant : Maman !

Mais tandis que le complice renversé ne se relevait point, abruti qu'il était par la surprise plutôt que par la douleur de la chute, Renan s'était redressé bien vite, plus épouvanté que jamais, et il poursuivait sa course échevelée..... Il va s'arrêter sans doute, ou du moins revenir sur ses pas, car le long corridor dans lequel il se précipite de la sorte n'a point d'issue de ce côté, si ce n'est par une fenêtre élevée de 30 pieds environ au-dessus du sol.

Mais, hélas ! cette fenêtre est grande ouverte ! Or, du lieu même de sa chute, le complice avait les yeux fixés en ce moment sur Abdon, pour voir s'il s'arrête contre l'obstacle ou revient sur ses pas en fuyant encore.....

Horreur ! le malheureux Abdon s'est élancé dans le vide en franchissant d'un seul bond la fenêtre ouverte..... et le complice avait pu l'entendre s'écrier trois fois : Maman ! avant de toucher au sol..... et puis il n'entendit plus rien.

Epouvanté à son tour, comme on peut le croire, il se relève bien vitement, appelle à son aide les auteurs, comme lui, d'une pareille calamité.... et tous ensemble, au nombre de cinq ou six, ils accourent, se précipitent vers le lieu où ils ne doivent certainement trouver qu'un cadavre. Notons néanmoins qu'ils ne passèrent point par la fenêtre, afin d'arriver plus vite.

Les voilà bientôt, tout tremblants, sur le lieu du sinistre. Ils s'approchent..... ils regardent..... Déjà le malheureux qu'ils cherchent s'offre à leurs regards, à moitié enseveli dans un tas de fumier, et ne donnant, au premier aspect, aucun signe de vie..... On le sortit comme on put de cette position, et on le mit sur un tapis de verdure, à côté. Là, on lui trouva le pouls fort agité, sans doute, mais enfin Abdon n'était pas mort. Seulement, quand on l'interrogea, il ne répondit pas plus qu'un trépassé.....

Après un peu d'attention, on en comprit le trop juste motif..... c'est qu'il avait la bouche toute pleine d'immondices, car il était tombé précisément, et heureusement, dirons-nous, sur le dépôt de toutes les ordures du jardin et de l'établissement. On s'empressa donc de lui enlever les obstacles à la parole, et cela fait, on l'interrogea.

Comme à plusieurs questions qui lui furent faites il répondit fort bien, chaque fois : Maman ! on pensa qu'il n'avait besoin que de repos, et on le porta dans sa chambre et même dans son lit. Abdon se laissa faire. On dit qu'il reposa parfaitement jusqu'à dix ou onze heures du matin; après quoi il se trouva comme auparavant, sauf la nécessité bien reconnue d'un bain léger.

Il se souvenait donc de tout ce qui s'était passé; il s'en rendait compte (comprenant bien qu'il avait été joué par ses condisciples), mais il n'en revenait point de ne s'être pas tué en tombant du haut de la fenêtre. Il se disait même qu'un miracle seul avait pu le sauver. Disons-le cependant, combien il trouvait étranges, ridicules presque, les moyens dont Dieu se servait depuis quelque temps pour son salut ! Ce n'est plus, pensait-il, comme aux jours où le Christ, s'adressant à sa mère, lui disait : « Madame, votre enfant est guéri ! » Ce n'est plus comme aux jours où il envoyait à sa rencontre l'archevêque de Paris pour lui dire : « Mon fils, voilà une bourse..... »

Maintenant, que fait Jésus, si du moins, ajoute-t-il, c'est Jésus qui l'a sauvé ? Il dit à un chien, à un gros et maudit cerbère : « Va sauver Renan qui se noie dans un précipice. » Il dit à un *immonde :* « Reçois Renan sur ton gros dos, quand il va tomber du haut d'un arbre. » Il dit enfin aux ordures : « Trouvez-vous là, sous Renan, à l'heure où, du haut d'une fenêtre, il se précipite dans le vide, de 30 pieds au-dessus du sol ! »

Il est clair, en vérité, qu'en supposant même un miracle de sa part, en faveur du jeune lévite, le Christ, ainsi qu'Abdon le pense bien, n'use pas ses gants pour le sauver, ni les ailes des anges, ses ministres.

C'est pour cela que Renan, bien qu'il ne fût pas absolument fâché de son salut, en dépit des moyens, appela cette aventure nouvelle : une troisième épreuve.

Cependant, comme on avait beaucoup parlé au séminaire des succès d'Abdon, la sainte pépinière ne parlait bientôt plus que de ses épreuves..... On en avait ri dans les coins, d'abord, et puis on en riait à sa barbe (car sa barbe avait poussé); tout ceci même avait eu pour résultat des explications sur les miracles du jeune lévite, et on avait fini par s'en rendre parfaitement compte, au point qu'il se trouvait n'avoir pas fait plus de prodiges que les autres. On ne craignit même point de lui expliquer à lui-même ses miracles, ce qui amena des rixes dans lesquelles de nouvelles avanies qu'il eut à subir s'ajoutèrent aux premières.

D'où il résulta premièrement, qu'avec ce tas de crétins et de jaloux, comme il disait fort bien, Renan se dégoûta du séminaire ; et secondement, que ne pouvant plus croire à ses propres prodiges, il ne croyait plus à ceux des autres du tout.

C'est pourquoi, bientôt, aux vacances prochaines, nous le voyons tracer une belle croix noire sur la porte de sa cellule, avec ces paroles bien marquées : « *Beati ceux qui sont sortis d'ici.* »

Et il quitta le séminaire en disant : « Si je ne suis pas fort en miracles, je suis fort en histoire..... »

DEUXIÈME PARTIE.

LA TERRE SAINTE.

> Où vous verrez Abdon se donner en spectacle
> En cent endroits divers, pour avoir un miracle.....
> Un miracle, du moins, qui ne soit pas douteux,
> Un miracle à crever la raison et les yeux.....

Renan savait qu'il avait été malade au berceau et que sa pieuse mère croyait à une guérison miraculeuse, mais il ignorait le vœu que sa mère avait fait dans cette circonstance.

Il fut donc étonné, lorsque, à sa sortie du séminaire, ayant dit à sa maman qu'il ne voulait plus être lévite, celle-ci lui objecta naturellement le vœu en question.

Ce n'est point, disons-le toutefois, que Mme Renan voulût faire d'Abdon un prêtre contre son gré ; non certes, mais elle lui fit observer que le cas était grave pour ne pas mériter réflexion : aussi l'engagea-t-elle à réfléchir et surtout à prier, ajoutant que d'ailleurs ceci pouvait bien n'être qu'une épreuve de laquelle il triompherait sans peine, avec l'aide de Dieu.

Or, par respect pour sa mère, et point du tout pour le miracle ni pour le vœu que nous savons, Renan ne disait plus mot de ses intentions, lorsque Mlle Clorinde, la sœur du jeune lévite, rentra dans sa famille, emportant avec elle un fort joli capital que venait de lui laisser en mourant une proche parente.

Clorinde avait été confiée à cette bonne cousine qui avait été heureuse de se charger de l'enfance et de la jeunesse d'un ange tel que Mlle Renan.

Donc un ange rentrait sous le toit maternel, disons-le, et une heureuse aisance avec elle.

Mais à cause des soins que la jeune fille avait dû se donner, pendant la longue et douloureuse maladie de sa cousine, elle arrivait languissante à son premier foyer.....

Nous devons dire aussi que le jeune lévite, en rentrant chez lui, après des études trop approfondies, et après les épreuves que nous savons, en était au même point que sa sœur.

Cet état commun les conduisit bientôt à rêver voyages : et même Clorinde, qui était fort pieuse, prononça le mot de pèlerinage, ce qui, disons-le, ne déplut pas à Abdon.

Mme Renan, toutefois, voulut savoir si le jeune lévite était encore d'avis de quitter le costume clérical, et elle le questionna à ce sujet.

Comme il ne parut pas être sorti de l'épreuve, la pieuse mère pensa que des émotions religieuses profondes pourraient peut-être le ramener à des desseins plus en rapport avec le vœu qu'elle avait fait. Sachant donc qu'il était question entre le frère et la sœur de voyager, que même il s'agissait de pèlerinages, c'est elle qui prononça le mot de terre sainte.....

Au nom de cette terre, labourée par des miracles, comme il l'avait fort bien lu dans Châteaubriand, Abdon tressaillit..... Mlle Renan elle-même sentit battre son cœur d'une émotion inconnue.....

Et le pèlerinage en terre sainte fut conclu et fixé à peu de jours..... Ce n'est pas que Mme Renan ne se décidât à voir partir son fils et sa fille pour si loin avec un immense regret, mais son vœu, mais le salut de son Abdon, tout cela faisait la mère chrétienne se soumettre à son sacrifice.

Or, bientôt, comme on possédait une bourse, et qu'on n'avait pas besoin de celle de l'archevêque, on ne pensa qu'à la bénédiction maternelle, à laquelle, du reste, on se prépara avec un bien profond respect et une véritable émotion de cœur.

Et maintenant que la bénédiction maternelle s'est reposée sur eux, maintenant qu'ils s'éloignent de tout ce qui les a vus naître, suivons-les, si nous voulons connaître les résultats de ce fameux pèlerinage en Palestine.

Et d'abord Renan et sa sœur prennent le *train express* jusqu'à Marseille..... Arrivés à Marseille, comme une flèche rapide, nous les voyons s'embarquer, le lendemain de leur arrivée, sur un beau navire qui va quitter la France pour aller rendre visite aux contrées du Levant.

Mais, ô chose touchante ! tandis qu'on lève l'ancre du beau bâtiment, Abdon et Clorinde se sont mis à genoux sur le pont, côte à côte, pour demander au ciel une bonne et heureuse traversée ; après quoi ils prient pour leur mère, sans oublier la France elle-même, qui a besoin de prières comme tout le monde.

Et nous partons..... la mer est propice, un vent favorable gonfle les voiles blanches.....

Bientôt cependant tout change, et le lendemain du départ, voilà déjà une formidable tempête qui accueille le beau navire et toutes les maisons flottantes qui se trouvent dans les mêmes eaux.

Les Renan furent fort heureux d'avoir prié sans doute, car une douzaine de bâtiments, jetés à la côte, périrent corps et bien, tandis que leur navire suivit imperturbablement sa marche.....

Abdon ne fut point fâché de son salut, certainement; mais disons avec regret qu'il ne partagea point la pieuse foi de Clorinde qui, elle, reconnaissait fort bien un miracle dans tout ceci.

Il faut le dire, Renan n'allait pas en Palestine pour rien; il y allait, comme nous le verrons mieux encore plus tard, pour des miracles certains, et s'il était permis de le dire, pour des miracles miraculeux eux-mêmes, à force d'être clairs.

Poursuivons notre route. Le danger dont nous venons de parler fut le seul qu'ils coururent jusqu'à Malte, où nous les voyons mettre pied à terre, avec l'intention de voir toutes les vieilleries (s'il en reste) de cette île célèbre.....

Ils y trouvèrent, en effet, encore des armures rouillées, de vieux costumes religieux et guerriers..... ils y trouvèrent quelques tombeaux noircis par le temps..... et ils auraient vu la nef d'une belle église, puis l'hôtel et la tour du commandeur, s'ils étaient arrivés assez tôt : on venait de démolir tout cela avant leur arrivée.

Mais, par exemple, nous voyons Renan essayer sur sa personne la robe noire et le manteau noir que les chevaliers portaient dans l'intérieur de leur établissement, et il essaya aussi la cotte d'armes qu'ils portaient à la guerre. Sa sœur lui fit compliment sur la bonne mine qu'il avait sous ces costumes historiques ; après quoi ils s'éloignèrent de l'île ; et nous avons à les suivre à Alexandrie, où nous aurons le bonheur d'arriver sains et saufs, par le beau navire susdit, qui nous attend au port.

A Alexandrie, nous les voyons regarder, en arrivant, tout ce qu'il y a de plus beau, savoir : les fortifications, l'arsenal maritime et le palais du vice-roi.

Ayant trouvé que tout cela n'était pas laid, ils se mettent en chemin pour aller voir les restes d'antiquités que possède la ville, c'est-à-dire les citernes dont on se sert encore aujourd'hui, la colonne de Pompée, les aiguilles de Cléopâtre, les grottes de l'ancienne Nécropole.

Ils se rendent ensuite à la bibliothèque jadis célèbre. Là, en vérité, le calife Omar, à tort ou à raison, fut chargé par Renan de toutes les malédictions possibles, pour avoir fait brûler (si c'est lui) tant de précieux trésors de philosophie orientale et de philosophie grecque! tant de poésies alexandrines..... que sais-je! et la clef peut-être des grands mystères de la création totale! Féroce Omar!

Abdon en aurait pleuré! Disons cependant qu'il ne put s'empêcher de larmoyer sur tous les philosophes qui étaient passés par la cité fameuse, en pensant qu'ils n'étaient plus là.

Sa sœur l'ayant vu larmoyer de la sorte, lui en demanda le motif. Ayant appris qu'il pleurait sur les philosophes, elle se mit à pleurer sur les saint évêques qui avaient occupé le siége d'Alexandrie, notamment sur saint Alexandre et sur saint Athanase.

Cela fait ainsi, nous repartons avec eux.

Où allons-nous? Allons droit à Jérusalem. Oui, Jérusalem est devant nous... Voilà Sion... voilà la ville sainte!

A ce nom, et à cet aspect, que de souvenirs se réveillent et se pressent dans l'âme du chrétien et du Français !

D'abord, comme s'il avait l'histoire à la main, Renan se met à chercher de l'œil, pour ainsi dire, tous ceux qui sont passés par la ville immortelle, depuis Melchisédech, son fondateur, jusqu'à Ibrahim III !

Il faut dire que depuis le commencement jusqu'à Josué, c'est-à-dire pendant près de cinq cents ans, il n'y a pas eu beaucoup de grand monde..... ce ne fut guère habité, en effet, que par des pasteurs et leurs nombreux troupeaux.

Néanmoins, comme Renan les cherchait, et qu'il ne les trouvait nulle part, il devint triste à cette pensée des vanités d'ici-bas.

Mais quand il vint à chercher les différentes tribus d'Israël qui s'étaient pressées le long des siècles dans l'immortelle enceinte, depuis Josué qui y avait conduit les premières, jusqu'à Titus qui en avait chassé les dernières, voyant qu'il ne trouvait plus de traces, ni de ces tribus innombrables, ni de leurs chefs, il se sentit pris d'un besoin invincible de pleurer, et il dit à sa sœur :

« Gémissons, ma sœur, sur les différentes tribus d'Israël qui sont passées ici depuis Josué jusqu'à Titus (un espace de plus de quinze cents ans) et que nous ne retrouvons plus du tout. »

Et sa sœur lui répondit : « Je gémis. »

Puis il cherche en particulier les prophètes, ces hommes qui avaient fait l'honneur et la gloire d'Israël : et voyant qu'ils étaient tous morts de vieillesse, ou qu'ils avaient été tués entre le vestibule et l'autel, il dit à sa compagne : « Gémissons, ma sœur, sur les prophètes d'Israël qui ne sont plus..... »

Et sa sœur lui répondit : « Je gémis. »

Et il vit alors passer devant ses yeux les pestes, les famines, les captivités essuyées par les Juifs. Horreur ! il vit des mères qui mangeaient leurs enfants.....

A ces tableaux, il eut à peine la force de dire à Clorinde : « Gémissons, ma sœur, sur les malheurs de Jérusalem ! »

Et sa sœur lui répondit par des gémissements profonds.

Et quand ils eurent ainsi pleuré sur les souvenirs d'Israël, Renan se mit à regarder la ville par les cimes, et il aperçut le croissant au lieu du signe rédempteur. Il se souvint tout naturellement des vains efforts de l'Europe entière pour détruire ce symbole adopté par les Turcs. Et il réfléchissait, la tête appuyée dans ses mains..... Sa sœur lui ayant dit : « Qu'as-tu ? » il lui répondit : « Je pensais que c'était bien étrange de voir ici, à la place d'une croix, un objet comme on pouvait en voir jadis sur le front d'Astarté et de Diane, comme les Athéniens en portaient à leurs cothurnes, comme les dames romaines en portaient dans leurs cheveux ! »

Et il ajouta : « Si j'étais Dieu, je ferais tomber des étoiles sur tous les croissants du monde. Je ferais en un clin d'œil ce que n'ont pu faire cinq ou six croisades avec des prodiges de valeur. » Et ces paroles s'échappèrent de sa bouche comme un murmure : « Pourquoi donc, s'il est Dieu, le Christ ne montre-t-il pas sa puissance contre des barbares qui blasphèment son nom, oppriment ses serviteurs, et foulent aux pieds les objets les plus sacrés de leur culte ? »

Mais revenant à la perspective des malheurs de l'Europe, et en particulier de la France, aux pieds des remparts de Solyme, il crut de son devoir de donner des larmes aux croisés. Il dit donc à sa sœur : « Gémissons sur les héros chrétiens qui sont tombés dans la lutte contre le Croissant. »

Et sa sœur lui répondit : « Mon frère, je gémis sur tous les braves chrétiens qui sont tombés ainsi ; mais qu'il me soit permis de pleurer un instant au souvenir d'une illustre guerrière, mon homonyme, au souvenir de Clorinde. C'était une *Turquassienne,* il est vrai, mais il est bien certain qu'en lui ôtant la vie de ce monde, Tancrède, ce héros chrétien, lui ouvrit le ciel par le baptême. »

Et tandis que Mlle Renan donnait un libre cours à ses larmes et à ses regrets, son frère se disait en lui-même : « J'ai payé mon tribut aux malheurs d'Israël ; j'ai payé mon tribut aux malheurs des croisés ; mais il est en ces lieux des souvenirs bien autres. » Et ayant dénudé sa pensée de toute autre préoccupation, il se mit en présence du Christ, et il lui parla en ces termes :

« Tous vos traits sont beaux, et toutes vos paroles sont belles, ô Jésus ! A cet égard, vous avez certainement tous mes plus profonds respects..... mais je vois tant de pour et de contre, sous le soleil, et jusqu'en ces lieux mêmes, en ce qui regarde votre divinité, qu'il me faudrait un miracle, aussi palpable, dirai-je, que celui dont parle l'Evangile à propos de saint Thomas.....

» Ainsi, il ne me suffit pas d'avoir pleuré comme Châteaubriand pour croire : je veux voir et entendre, comme saint Thomas, avant de m'écrier : Vous êtes mon Seigneur et vous êtes mon Dieu. »

« Mais je ne doute point, ajouta-t-il, que vous ne m'accordiez toute la satisfaction que je désire, à cause que je suis venu de bien loin pour obtenir de vous de véritables motifs de crédibilité. »

Il dit, et malgré ses impertinences, il regardait s'il ne verrait point déjà quelque prodige, et il regardait s'il n'entendrait pas les accents d'une voix céleste.

Il ne vit rien, et il n'entendit rien. Néanmoins, il ne se découragea pas, voulant bien laisser à Jésus le temps de la réflexion, c'est-à-dire le temps de lui choisir son miracle.

C'est pourquoi il fut d'avis d'explorer les lieux principaux où le fils de l'homme était passé, durant sa vie mortelle, et il proposa à sa sœur de commencer par le lieu où il était né, et de finir le pèlerinage au Calvaire où il était mort.

Comme sa sœur fut parfaitement de son avis, ils se rendirent à Bethléem, à deux heures environ de la ville sainte. Là, ils trouvèrent une église construite sur les lieux mêmes où naquit le Sauveur du monde. Ils entrèrent dans cette église, et ils prièrent. Ce que disait dans sa prière à l'Enfant-Dieu, Mlle Renan, nous ne le savons pas ; mais on comprenait qu'elle était heureuse. Quant à Abdon, voici ce qu'il disait : « Vous êtes venu au monde, ô Jésus, pour y apporter la lumière : or donc, bien que le soleil soit déjà couché, et que les ténèbres commencent à couvrir la terre, faites-moi voir les rayons de l'astre du jour sur votre berceau, et je croirai en vous..... »

Disons avec regret que Jésus n'écouta point Renan. C'est pourquoi Renan dit à sa sœur : « Allons-nous-en plus loin ; » et il voulut aller à Nazareth. Ils mirent près d'une semaine pour s'y rendre. Etant enfin arrivés dans la célèbre bourgade, ils se rendirent dans l'église de l'Annonciation, bâtie sur les lieux mêmes où s'élevait jadis la maison de la sainte famille.

Là, voyant des ex-voto, une foule de témoignages en faveur de la divinité de Jésus, il se met à demander un prodige, à peine entré dans le lieu saint. Il demande au Christ de le faire voir clair et loin, parce qu'il est myope, et que cela le contrarie étonnamment, à cause que nous sommes au siècle des lumières.

Il disait que s'il était guéri, il croirait et proclamerait dans Jérusalem, malgré les Turcs, et partout, malgré les juifs et les philosophes, la divinité de Jésus.

Jésus, qui a fait assez d'autres prodiges, et qui ne manque pas de bouches qui le proclament Dieu, dit à Renan : « Tu es myope ? — Oui ! — Eh bien ! reste myope. »

Abdon ne trouvant pas cette réponse fort miraculeuse, dit à sa sœur : « Allons nous promener dans les environs de Nazareth. Là, ajouta-t-il, je verrai et j'entendrai du moins quelque chose de phénoménal. Et comme ils allèrent dans la vallée d'Esdrelon, non loin de la bourgade, Renan dit à Clorinde : « Je vois ! » Et Clorinde lui dit : « Que vois-tu ? — Je vois, répondit le frère, le champ de bataille où les Français se sont battus contre les Turcs en 1799..... »

Il ajouta : « Et maintenant aussi, j'entends bien quelque chose..... — Qu'entends-tu, poursuivit la sœur ? J'entends l'écho de la vallée répétant les gloires de cinq cents braves de la France qui ont vaincu six mille soldats du Croissant. Voilà ce que j'entends et ce que je vois, l'histoire à la main. »

« Et moi, reprit Clorinde, j'entends et je vois plus que cela encore, l'histoire à la main. Je vois Jésus, dans ces contrées, se préparant, bien jeune encore, à nous sauver par l'exemple de toutes les vertus, en attendant de se livrer à la croix, pour le salut du monde..... Et j'entends des voix humaines et des voix célestes qui disent : « Venez et adorez-le..... et je vois les siècles et les générations prosternés à ses pieds. »

« C'est bien, dit Abdon, mais ce n'est pas la même chose : à moins que Jésus ne me montre sa puissance divine, comme je l'entends, je ne puis ni voir ni entendre comme toi. »

Or, comme c'était le lendemain la belle fête de la Transfiguration, Renan dit : « Qui sait si à l'occasion de cette fête, et si nous allions au Thabor, je n'obtiendrais pas un miracle comme il m'en faudrait un pour croire ? »

Et il ajouta : « Allons sur le Thabor, aux lieux mêmes où le Christ s'est transfiguré. » Et c'est là que nous le voyons le lendemain avec sa sœur. Tandis que Clorinde est à genoux et prie, Renan tient ses yeux grands ouverts sur l'espace, pour voir s'il y découvrira Jésus dans son nuage de gloire ; et il prête l'oreille, attentif s'il n'ouïra pas ces paroles céles-

« tes : Celui-ci est mon fils bien-aimé ; écoutez-le. »

Clorinde vit et entendit tout cela dans sa prière ; mais Renan ne vit rien et il n'entendit rien, non plus qu'ailleurs. Disons cependant qu'il remarqua sur le Thabor un tas de pierres, derniers débris d'une ancienne citadelle, et qu'il entendit une voix, comme à Esdrelon, un écho murmurant encore la gloire des Français vainqueurs des Turcs tout près de ces lieux mêmes.

Et c'était tout. Les pèlerins allaient donc s'éloigner, lorsqu'un vieillard atteignait la cime de la montagne, appuyé sur un bâton..... Il arrive..... il s'incline en passant devant eux..... et un peu plus loin il se met à genoux..... Il est là, bénissant le ciel qui, à pareil jour, et en ces mêmes lieux, lui a rendu la vue. « C'est la vingtième année, disait-il, depuis ma guérison, et c'est la vingtième fois que je viens ici vous bénir, ô Seigneur, selon le vœu que j'ai formé de venir chaque année, jusqu'à la fin de ma course. »

La bonne sœur tressaillit d'aise à ce spectacle. Mais comme elle disait à son frère : « Que penses-tu de cela ? » son frère lui répondit : « Je n'ai pas vu le miracle. Comment croirai-je, d'ailleurs, que Jésus a guéri cet aveugle, lorsqu'il n'a pas pu me guérir, moi qui ne suis que myope..... »

« Mais, ajouta Clorinde, penses-tu que ce vieillard, qui peut marcher à peine, gravisse la montagne pour le plaisir de dire à Jésus : « Vous m'avez guéri..... merci, mon Dieu ! » si réellement il n'avait pas été guéri ! »

Renan allait répondre que ce pauvre homme pourrait bien être fou ; mais ayant pensé qu'on pourrait peut-être en dire autant de lui, il se tut..... Et seulement il dit à sa sœur : « Allons-nous-en à Cana, parce qu'il m'est venu une fort bonne idée. C'est là, en effet, que Jésus a accompli son premier miracle ; il pourrait se faire qu'il voulût aussi faire son premier miracle en notre faveur, dans ces lieux mêmes.

Il pouvait avoir raison. Dans tous les cas, deux pèlerins arrivèrent dans la célèbre bourgade, après plusieurs jours de marche, exténués de fatigue, de faim et de soif.

Ils pensaient donc déjà s'enquérir d'une bonne hôtellerie, en arrivant de la sorte, mais il n'y en avait ni de bonne ni de mauvaise, tout le monde de la bourgade étant sorti, les uns pour les travaux des champs, les autres pour se rendre à une fête voisine.

Il restait seulement çà et là quelques chiens errants qui aboyaient au pain plutôt qu'aux jambes des voyageurs..... Quelle ressource !

Dans une telle position, d'autres auraient fait une mine de rat pris au piége. Renan, au contraire, ne fut point fâché de cet état de choses. Que cherchait-il, en effet? Un miracle..... Et il est à Cana, mort de faim et plus encore mort de soif.....

Cependant, il ne demande au Christ Jésus, ni des cailles rôties, ni du nectar : mais comme ils ont une bouteille vide, il le prie de la leur remplir du simple vin de la noce mémorable, s'il lui en reste encore quelques gouttes, et il le prie aussi de multiplier un pauvre petit croûton de pain, pas plus gros qu'une noix. (Ce croûton se trouvait au fond du sac de voyage depuis huit jours au moins.)

Il ne demandait donc, en vérité, que le nécessaire, ce nécessaire qui ne fait jamais défaut au plus menu des oiseaux du ciel. Or, cependant, ce nécessaire est refusé à nos bons pèlerins : c'est-à-dire que leur bouteille reste vide, et que leur croûton reste croûton.....

La situation était véritablement tendue, lorsqu'un moine vient à passer. En apercevant le panier que celui-ci porte à son bras, Renan pense que le voyageur va lui demander un morceau de pain..... Et il se dit : « Quelle ironie ! des chiens et un moine à nourrir quand on n'a pas de pain pour soi ! »

Il se trompait; car le saint voyageur s'étant approché d'eux, leur dit en leur présentant son panier : « Ce panier est à votre disposition; prenez-le, mangez et buvez tant que vous voudrez de ce qu'il y a dedans. » Et réellement ils eurent à volonté du pain, du vin, du saucisson et du fromage de Cana. Or, qu'est ceci, sinon un miracle ! Ainsi du moins le pensait Clorinde. Renan voulut bien voir dans cette aventure un heureux hasard, mais pas autre chose, parce que sa bouteille était restée vide, et parce que le croûton ne s'était pas multiplié.

Il aurait cru cependant à un prodige, disait-il, si le moine était descendu du ciel pour les servir, ou s'il s'était élevé dans l'espace, après les avoir servis.

Comme il n'en était pas ainsi, ce n'était ni le Christ, ni un envoyé du Christ, c'était un moine comme devraient être tous les autres; des porteurs de vivres pour les voyageurs, tandis que beaucoup n'ont un panier que pour se le faire remplir. Ils avaient donc, ajoutait-il, rencontré un bon diable (ce dont il n'était pas fâché), et voilà tout le souvenir qu'il conserverait de Cana en Galilée.

Du reste, Renan ne désespérait pas encore, et il dit

à sa sœur : « Le Christ aimait beaucoup les bords du lac de Tibériade, et les évangélistes et les Actes des apôtres rapportent qu'il y a fait de nombreux prodiges : allons sur les bords de ce lac. »

Et ils y allèrent. Mais disons qu'ils visitèrent auparavant la ville fondée par le tétrarque Hérode Antipas, qui lui donna le nom de Tibère. Là, Abdon se souvint qu'une société de docteurs juifs publia dans cette ville, en 70, le fameux *Talmud*. Il n'oublia pas non plus que, tout près de là, Saladin défit Gui de Lusignan, roi de Jérusalem, en 1187.

Ils allèrent aussi jeter un coup d'œil sur Capharnahum et plusieurs autres villes éparses sur les rives du lac. Renan y chercha un certain centenier dont la fille avait été guérie par Jésus. Comme il ne le trouva pas, à cause que ce pauvre homme était mort depuis longtemps, il dit à sa sœur : « Allons à la pêche sur le lac. »

Les voilà bientôt sur les bords de la mer. C'est par une belle matinée, qu'après les avoir vus se promener une heure environ, en attendant une barque, nous les voyons se diriger vers la nacelle d'un pêcheur, lequel arrivait de la pêche, où il était allé depuis la veille, sans rien prendre du tout.

La femme et les enfants de ce pauvre homme l'attendaient au rivage..... et ils furent bien tristes en apprenant qu'ils n'auraient pas de pain de tout le jour, faute d'avoir du poisson à vendre. Néanmoins, ils ne rentrèrent pas au logis sans espoir, lorsqu'ils virent repartir la barque emportant Renan et sa sœur, conduits par le pêcheur lui-même; car non-seulement le pêcheur fut heureux de leur prêter sa barque et ses filets, il voulut bien aussi les accompagner à la pêche.

Mais comme il ne donnait pas grand espoir à Abdon, Abdon lui dit : « Dieu connaît les abîmes des mers ; et s'il veut remplir nos filets à les rompre, il le peut fort bien, sans doute. » Il rappela même au pêcheur la pêche miraculeuse de Pierre.

Disant ainsi, il lança ses filets dans la mer, avec une adresse admirable : à ce point, que le pêcheur lui-même reconnut son maître, et que Mlle Clorinde s'écria que saint Pierre n'eût pas fait mieux, certainement. Mais il n'y eut rien dans le filet quand il le retira. Il changea de filet, et il lança le second mieux encore peut-être que le premier. Il n'y eut rien non plus dans celui-ci.

Un autre se serait découragé. Renan ne se découragea point, parce qu'il se souvint que saint Pierre n'avait point réussi d'abord. C'est pourquoi notre homme insista avec un courage rare, afin, sans doute, d'avoir raison de Jésus, en le mettant au pied du mur, pour ainsi dire ; et, en vérité, il fit bien, car il finit par prendre du poisson pour au moins une douzaine de personnes. Mais comme ce n'était que du fretin, et qu'il n'avait pu le prendre qu'insensiblement, était-ce bien là un miracle ?

Renan (cela va sans dire) donna le fruit de la pêche au malheureux, qui put avoir du pain pour lui et sa famille avec le prix de ce poisson..... C'est pourquoi le pauvre cher homme criait au prodige. Mais, en vérité, Abdon ne voyait là qu'une aventure (comme l'aventure de Cana), et il déclarait seulement qu'il ne douterait de rien, s'il avait pu prendre un requin ou un esturgeon, surtout une baleine. Et on abandonna la rive avec des sentiments divers, Clorinde croyant au miracle sans la prise d'un léviathan.

Quelques jours après, néanmoins, les deux pèlerins sont revenus sur les bords du lac. La mer était tourmentée par une tempête affreuse. « C'est bon, dit Renan ! j'ai assez longtemps chanté au séminaire : *Post tempestatem tranquillum facit*, mais je n'ai point vu le Christ à l'œuvre. » Et s'étant posé en face de Jésus, il lui commande plutôt qu'il ne le prie d'apaiser les flots soulevés jusqu'aux cieux, ainsi qu'il les avait apaisés autrefois, à l'occasion de ses apôtres en péril.

Comme sa sœur lui représentait qu'il n'y avait personne en péril sur le lac, ils aperçurent à l'horizon, tout à coup, sur la croupe des flots, une barque en proie à la tempête. Les cris des matelots arrivent jusqu'à leurs oreilles plus attentives, mêlés à la grande voix de l'ouragan. Tous ceux qui sont au rivage comprennent bien que c'en est fait de la pauvre barque..... qu'il n'y a point de salut pour les infortunés matelots sans un miracle..... Renan lui-même en convient d'abord tout le premier.

Mais c'est alors qu'il somme de nouveau le Christ (et avec toute l'autorité du commandement) d'apaiser la tempête, ou sinon d'aller chercher et de sauver lui-même, en marchant sur les flots, cette barque en péril.

Le flot reste irrité, menaçant, formidable, et le Christ ne marche pas sur les flots ; et cependant la barque ne périra pas. Le ciel, en effet, a entendu les cris des matelots et, sans qu'Abdon ait pu sans apercevoir, il a envoyé son ange au secours des infortunés..... et ils ont échappé au naufrage..... Mais est-ce un prodige ? Non, certes, car Jésus n'a pas fait la volonté de Renan.

— 44 —

Comme Renan le dit fort bien à sa sœur, en effet, il n'a ni apaisé les flots, ni marché sur les eaux de la mer; il n'a fait rien du tout, et la barque n'a point péri, parce qu'elle ne devait point périr. Et il voulut retourner à Jérusalem, d'où ils étaient partis depuis plusieurs mois, sans obtenir un miracle.

C'est pourquoi, de retour à Jérusalem, Abdon dit à sa sœur : « Ma foi est sérieusement ébranlée; mais, à cause de ma mère, je veux bien espérer encore, et c'est aux pieds de la croix qu'est mon dernier espoir.... Allons..... » Mlle Renan se mit à suivre son frère, et se permit de lui dire que, pour elle, sa foi avait augmenté dans le pèlerinage, et même de beaucoup, à cause des différentes choses qui s'étaient passées à leur occasion.....

Son frère avait bonne envie de la traiter d'imbécile, mais il se contint; et lui ayant donné son bras, ils partirent pour le Calvaire.

Toutefois, avant d'arriver aux lieux du sacrifice, voyons-les s'asseoir en passant à l'ombre des oliviers de mémoire. A peine assis sur un banc de gazon, leur oreille est frappée par un léger murmure..... Si c'était la voix de Jésus qui reviendrait prier comme aux jours de sa vie mortelle, au sein de ces bocages solitaires?..... Plutôt, si c'était lui qui viendrait dire à Renan, comme il disait autrefois à son Père : « Me voici, que voulez-vous que je fasse pour vous faire plaisir? » Ce n'est pas la voix de Jésus : on dirait la voix d'un cœur reconnaissant qui le bénit, qui rend grâces pour un bienfait signalé dont il a été l'objet.

Renan, toutefois, se prit à regarder si ce n'était pas autre chose, et au moins l'ange consolateur qui descendit jadis dans le bocage pour aider Jésus dans sa douleur profonde..... Mais voyant enfin qu'il ne s'agissait que d'un mortel reconnaissant pour les bienfaits de Dieu, il dit à sa sœur : « Levons-nous, et gravissons le sommet de la montagne sainte, où nous verrons autre chose, sans doute..... »

Et nous les trouvons bientôt dans l'église qui a été construite sur l'emplacement où la vraie croix fut trouvée. Là, nous voyons le frère et la sœur agenouillés et profondément recueillis.....

Néanmoins, tandis que sa sœur est mille fois heureuse aux pieds de Jésus mort pour nous, Renan n'a qu'une idée invincible, l'idée de son miracle. S'adressant donc au Christ : « Si j'étais Dieu, dit-il, et que vous fussiez Renan, j'exaucerais votre prière : je le sens en moi, je ne pourrais pas vous refuser plus longtemps un signe certain de ma divinité, si véritablement il était en mon pouvoir de vous donner ce signe.

Il représenta alors à Jésus que c'était la fin du pèlerinage, et par conséquent l'heure suprême, où sa foi s'éteindrait pour toujours, ou se rallumerait au flambeau d'une manifestation souveraine..... « Mon sort, disait-il, dépend tout entier d'un miracle..... Pourquoi ne le feriez-vous point?.... »

Et comme si Jésus eût dû céder devant une menace de Renan : « Eh bien! ajouta-t-il, un miracle aura lieu ou il n'aura pas lieu, mais ce que je sais, c'est que s'il a lieu, je respecterai le vœu d'une mère, et que s'il n'a pas lieu, non-seulement je ne respecterai pas ce vœu, mais encore je combattrai les miracles sur lesquels s'appuie votre divinité. »

Et le Christ lui dit : « Je résiste aux superbes; et

comme vous êtes un misérable orgueilleux, je ne vous prouverai pas autrement ma divinité que par mes suprêmes dédains. » Jésus daigna cependant le renvoyer aux Ecritures anciennes et nouvelles, où il trouverait sa divinité établie incontestablement sur les miracles et les prophéties, ajoutant que d'autres, le valant bien sans doute, avaient reconnu et cru parfaitement cette vérité.

Et Renan lui répondit qu'il attaquerait ces livres ; qu'il en détruirait toute la valeur aux yeux des peuples, au moyen de l'histoire, *tournée à sa façon*.

Et le Christ lui dit alors : « Le ciel et la terre passeront et vous passerez avec eux ; mais, de toutes les paroles écrites dans ces livres, pas une ne passera... »

Or, comme les pierres de la montagne ne ne fendirent pas, que le voile du temple resta intact, que le soleil ne se mit pas dans un deuil profond, que les morts ne sortirent pas de leur sépulcre, Renan descendit de la montagne, cherchant déjà le premier venu pour lui dire : « Que voulez-vous me donner, et je vous le livrerai ? »

Et il trouva un Phénicien qui descendait de la montagne sainte. Celui-ci, ayant entendu les paroles impies dont la bouche de Renan était remplie contre Jésus, lui dit : « Allez-vous-en à Byblos ; c'est là que vous trouverez des preuves incontestables contre la divinité du Christ, et contre Dieu lui-même : c'est là que vous trouverez aussi des miracles dignes de vous.

Ayant dit ainsi, le Phénicien lui signala un endroit de Byblos où il devrait se rendre, dans ce but, et il lui remit une clef.

TROISIÈME PARTIE.

BYBLOS.

> On voit ici Renan sur les bancs de l'école
> Où Jésus même apprit le grec et le latin.....
> Vous direz : C'est fort drôle !
> Il faut bien voir de tout un peu sur son chemin !

Décidément, Abdon n'est plus lévite. Il vient de vendre son habit à un Juif de Jérusalem, lequel l'a déjà revendu à un dervis..... Et maintenant le voilà en civil sur le chemin de Byblos.

Clorinde cependant s'éloigne de Jérusalem avec beaucoup de regret, parce que d'abord elle a été très-heureuse de toutes les choses qu'elle a vues sur la terre des miracles, et à cause qu'elle eût bien mieux aimé, au lieu d'aller plus loin, s'en retourner en France et voir sa bonne mère.

Mais comme Abdon lui avait dit : « Je vais savoir enfin la vérité, toute la vérité, » elle se soumettait à Abdon, avec la pensée que le Seigneur ferait trouver la vérité à ce pauvre enfant, le ramènerait à l'accomplissement du vœu maternel. Et elle disait : « Nous rentrerons plus tard au foyer, sans doute, mais il y rentrera peut-être en robe lévitique.

Tels étaient les sentiments de Clorinde au départ de la ville sainte pour Byblos. Renan partait au contraire avec les sentiments de saint Paul, s'en allant un jour déclarer la guerre à Jésus dans la ville de Damas. — Ajoutons qu'il y allait aussi avec des yeux non moins remplis d'écailles que ceux du grand apôtre. Mais Jésus fera-t-il pour Renan ce qu'il fit pour saint Paul? Le renversera-t-il sur le chemin et le désaveuglera-t-il?

Renan n'y croirait pas..... Arrivons donc à Byblos avec les écailles.

Byblos est une fort jolie petite ville de la Phénicie, célèbre par le culte qu'on y rendait encore à Adonis, vers la fin du cinquième siècle. Elle est située sur les bords du fleuve qui porte le nom de ce dieu, tué par un sanglier et ressuscité par Proserpine.

Les fêtes consacrées à cette divinité n'existant plus, comme nous l'avons dit, Renan ne put pas y assister, d'autant que d'ailleurs il n'aurait peut-être pas été admis à pleurer avec les femmes sur la mort d'Adonis, et à se réjouir avec elles sur sa résurrection. Aussi bien il avait autre chose à faire.

A peine est-il installé, en effet, dans une bonne hôtellerie avec sa sœur, que déjà il se met en route pour se rendre à la vieille tour, située au nord de la cité et sur les bords du fleuve qui la baigne de ses flots rougis par le sang d'Adonis.

Fort bien renseigné du reste par le Phénicien, il trouva sans difficulté aucune la dite tour, fermée à tout profane, et au seuil de laquelle se trouvent véritablement gravées ces paroles : *Profanes, loin d'ici.*

Mais ces paroles ne regardent pas Renan. Il a sa clef à la main..... Il l'introduit dans la serrure d'une porte de fer..... un grincement se fait entendre..... la porte s'ouvre..... et le profane est dans l'enceinte.

Un vieillard, en tenue, pour ainsi dire, monacale,

survient et demande à l'étranger quel est le but de sa démarche.

Abdon lui répond respectueusement qu'il vient en ces lieux pour apprendre l'histoire à fond, et pour être témoin d'un miracle dont un Phénicien lui a parlé à Jérusalem.

Sans plus de discours, le vieillard, dont la mission consiste à introduire les profanes dans l'intérieur de l'établissement, banda les yeux de l'étranger, et le faisant suivre à reculons (manière nouvelle de faire du chemin), le conduisit par des sentiers divers dans la partie destinée à l'édification des nouveaux venus.

Disons qu'avant de parvenir dans ce lieu solitaire, Renan eut les oreilles constamment frappées par des bruits et des clameurs étranges..... Tantôt on eût dit un cliquetis d'armes de toute sorte, un fracas de chaînes se brisant les unes contre les autres..... et tantôt comme des voix qui sortent des tombeaux.

Et maintenant, au sein du plus profond silence et des plus épaisses ténèbres, il entend un bruit d'ossements desséchés, de squelettes qui se choquent entre eux..... et puis le clapotement du flot qui baigne en passant la tour mystérieuse.

Tout à coup : « Qu'êtes-vous venu chercher parmi les habitants de la tombe, vous qui avez franchi le seuil de cet abîme ? » disait une voix lugubre à l'étranger.

Renan répondit ce qu'il avait répondu d'abord, qu'il demandait *la lumière historique*, et puis un étonnant prodige qu'on lui avait promis.

« Nous avons la lumière et nous avons le miracle à votre disposition, poursuivit la voix; mais ne croyez point que nous livrions le secret de nos mystères, si

4

ce n'est à des hommes parfaitement éprouvés. Voulez-vous subir les épreuves qui seules vous rendront digne de nous et de la connaissance de nos mystères sublimes ? »

« Je le veux, » répondit Abdon.

A ces mots, on lui enleva le bandeau qu'il avait sur les yeux, et il fut ébloui des plus vives et plus pures clartés. Mais à peine a-t-il le temps de voir une salle tendue de rouge et de noir, puis deux hommes noirs, l'un debout et l'autre couché dans une bière, à peine, dis-je, a-t-il le temps de voir ces choses funèbres que déjà les plus épaisses ténèbres l'environnent.

La voix, se faisant entendre de nouveau, lui dit : « Comme vous venez de voir des yeux du corps une vive clarté, après être sorti d'une nuit profonde, ainsi, après les épreuves qui vous attendent, les yeux de votre intelligence se reposeront sur les rayons purs de la vérité. »

« Mais, ajouta-t-elle alors, en s'adressant à l'homme du cercueil : ô mort ! toi qui nous éclaires et qui nous diriges par tes communications avec l'esprit, dis-nous la première cause des ténèbres répandues sur la terre et que nous sommes appelés à combattre. »

Et le mort prononça ces paroles avec la plus sombre majesté : « La source première des ténèbres qui couvrent l'univers, c'est la croix, c'est le gibet du divin pendu, comme dit Bossuet..... »

Et l'homme noir qui était debout, dit à l'étranger : « Avez-vous une croix ? »

« J'en ai une, répondit Renan..... c'est la croix qui m'a été donnée au jour de ma première communion, et à laquelle cent fois, mille fois, j'ai juré fidélité.

« Eh bien, poursuivit l'homme noir, cette croix que vous possédez ainsi, la jetteriez-vous dans le fleuve qui baigne ces murs? La jetteriez-vous dans le feu, en signe de mépris et de haine? »

« Je ne sais, répliqua Renan..... non point que je croie désormais à sa vertu, mais à cause de ma mère..... »

« Eh bien, reprit la voix, si vous voulez détruire le premier obstacle à la lumière véritable que vous cherchez, vous allez prendre cette croix dans vos mains, puis lui jeter l'insulte à la face, et ensuite la fouler aux pieds. »

Comme à ces paroles Renan parut en proie à une vive émotion : « Jeune étranger, lui dit l'homme noir, prenez garde de nous désobéir! »

C'est pourquoi l'ex-lévite foula aux pieds la croix du souvenir plus pur, après lui avoir insulté trois fois.....

L'homme noir dit alors à l'habitant de la bière : « En vertu de l'esprit qui t'éclaire à jamais, dis-nous si le profane a véritablement subi l'épreuve en homme digne de nous; dis s'il a renoncé à la croix pour toujours et s'il est prêt à la combattre jusqu'à la mort. »

L'homme de la bière, qui voyait parfaitement l'esprit de vérité, répondit qu'il en était ainsi, et que nul profane n'avait mieux subi que lui, depuis longtemps, cette première épreuve.

Tout à coup Renan sentit placer un bandeau sur ses yeux, puis deux mains le ramener en arrière.....

Après avoir suivi à reculons les mêmes sentiers, sans doute, qu'il avait parcourus d'abord, il était à la porte de fer par où il était entré. Là seulement son conducteur lui rendit la lumière, et lui donna rendez-vous dans une semaine, pour avoir à continuer ses exploits.

Huit jours se passent, pendant lesquels Abdon et

sa sœur causent beaucoup ensemble de Jésus.....
Mlle Clorinde soutenant qu'il est Dieu..... son frère soutenant qu'il n'est pas possible qu'il soit Dieu, puisqu'il ne lui a pas fait de miracle... que du reste il saura bientôt lui-même tout cela, à cause qu'il est à une bonne école.

Mais voici la semaine écoulée, et voici l'heure de se présenter de nouveau à la tour. Renan ne manque pas à l'appel.....

Introduit comme d'abord par le vieillard dont nous avons parlé, voilà le profane dans la salle funèbre..... Un instant, comme la première fois, sortant d'une nuit profonde, il se trouve environné de clartés plus vives... puis il ne voit plus rien.....

Tout à coup une étincelle, brillante comme l'éclair de la foudre, jaillit d'une peau de bête que Renan avait pu voir suspendue à la muraille, en face de lui..... L'éclair le frappa au front, et le malheureux tomba comme foudroyé.....

Néanmoins quelques gouttes d'élixir le rappelèrent à la vie, et il put se remettre debout comme auparavant.....

Une main le dirigea ensuite à quelques pas dans l'ombre, puis une voix lui dit: « Regardez devant vous! » Et regardant, il vit le flot profond et rapide du fleuve.....

« Ce flot que vous voyez, poursuivit la voix, ne suffirait point pour vous enlever la tache qui est à votre front; et voilà pourquoi les fureurs de la bête vous poursuivent; voilà pourquoi ses foudres vous ont frappé. Il s'agit donc de vous enlever la tache que vous portez ainsi.....

Et l'homme noir dit à l'homme du cercueil: « O mort, toi qui connais bien les taches qui sont en nous, les taches qui nous ravissent la lumière, dis-nous quel est ce sombre nuage qui ravit au profane les rayons du soleil. »

Et le mort répondit : « Voici ce que l'esprit révèle... La tache qui souille le profane, et l'empêche de voir clair, c'est le baptême ; il s'agit de la lui enlever par l'eau de feu.

Interrogé s'il voulait se laisser faire, Renan n'ose pas dire non ; c'est pourquoi voici ce que nous voyons en ce moment à la lueur d'une clarté, pour ainsi dire, livide : un homme noir se relève d'une bière..... Il prend un vase d'airain placé sur une petite table de marbre noir, et il se rapproche de Renan, comme le fantôme de la mort.....

Un autre homme noir vient de courber la tête de l'ex-lévite..... et le fantôme, élevant sur cette tête courbée l'urne qu'il tient dans ses mains unies, répand une eau de feu, tandis qu'il prononce d'une voix lugubre ces paroles : « Je te débaptise du Père, du Fils, du Saint-Esprit, et de tout ce que l'Eglise catholique a pu laisser en toi de mauvaises taches baptismales.»

Ayant été fait ainsi, l'esprit révéla que le baptême des chrétiens était complétement effacé ; que l'eau de feu avait purifié jusqu'au dernier cheveu de la tête souillée..... et que le profane était digne de passer à la troisième épreuve après que le soleil aurait paru huit fois à l'horizon.....

Et maintenant nous passons huit jours à l'hôtellerie de Byblos.

Renan et sa sœur se sont remis à parler de Jésus, au sujet duquel ils ne sont réellement point d'accord. C'est que Clorinde ne comprend rien sans doute aux histoires de son frère, et du moins, elle ne voit pas pourquoi son cher Abdon veut lui ravir sa foi, la foi de sa famille, la foi de son pays, la foi de dix-neuf siècles, la foi des plus grands hommes qui aient paru sous le soleil..... disons-le, et la foi dans laquelle il a vécu longtemps, et dont longtemps lui-même il a exalté les bienfaits.

Mais revenons à la tour, car Abdon nous laisserait à l'hôtellerie à cette heure où le soleil a paru à l'horizon pour la huitième fois, depuis la scène du baptême.....

Quelle chose étrange cependant! Abdon est devant la porte de fer, et il n'entre pas dans l'enceinte..... Il est là, tantôt regardant le ciel comme quelqu'un qui le maudit ou l'implore..... tantôt regardant la terre çà et là, comme quelqu'un qui cherche avec anxiété.

Horreur! il a perdu la clef du Phénicien! Que devenir..... Une idée! Renan se met à frapper à la porte, en prononçant des paroles magiques au hasard..... Mais le silence lui répond.....

En vérité, c'est triste! et c'est pourquoi, bien pénétré du sentiment de son malheur, à cette heure où il perdrait son avenir pour un point, il se frappe le front comme un désespéré. Tout à coup cependant son front s'illumine d'un rayon de bonheur..... Il se souvient qu'à l'occasion de sa seconde épreuve il a vu, par une lucarne de la tour, le flot qui la baigne en passant.

S'il avait une nacelle, ne lui serait-il pas possible de se présenter à cette lucarne et de se faire hisser par les cheveux, s'il en était besoin?

Il jette donc bien vite les yeux le long du fleuve, mais il ne voit point de barque. Il regarde plus haut, plus bas; point de nacelle encore.

Eh bien! dit-il alors, mon devoir m'est dicté! Et il se jette bravement dans les flots de l'Adonis, environ cent mètres en amont de la tour. Pourquoi se jette-t-il à cette distance du but qu'il veut atteindre? Ce n'est point pour être plus tôt arrivé, sans doute, mais c'est afin de mieux viser la lucarne et s'y préparer un abordage sûr et certain, en même temps que gracieux le plus possible.

Voyez, en effet, comme son œil est attentif sur la petite ouverture dont l'Adonis effleure en passant les bords! Voyez comme il ne cède pas un pouce de terrain à l'onde fugitive qui voudrait l'entraîner dans son cours rapide et le faire dévier?

Le beau nageur arrive donc à la lucarne avec une exactitude parfaite. Il est sauvé, car déjà il a pu reposer une main, puis l'autre sur les parois de l'ouverture.....

Et maintenant il n'a plus qu'une préoccupation : c'est celle d'être obligé de faire son entrée dans la tour avec des habits mouillés, et puis sans chapeau, car il a perdu son chapeau dès son entrée trop vigoureuse dans le fleuve.

Néanmoins, et parce que le temps presse, il se hisse..... il pénètre dans l'intérieur d'un appartement sombre. Comme il ne voyait personne, et qu'il sentait le pressant besoin de se trouver en rapport avec les habitants du lieu : « Holà..... quelqu'un, s'écrie-t-il! »

Mais soudain un abîme s'ouvre sous ses pas, et il tombe dans le vide à cent pieds environ sous terre, dans un lieu qui contraste étonnamment avec le séjour lumineux qu'il cherche.

Il est perdu sans doute..... Non, certes : un baptisé

eût été certainement perdu sans l'aide du ciel..... Mais grâce à sa tête sans souillure, Renan n'a aucun mal.

Disons, toutefois, qu'il se met à crier comme un aveugle, en demandant du secours.

Or, les hommes noirs, qui n'avaient pas manqué de le voir venir sur l'eau, et qui avaient deviné bientôt son projet d'abordage, étaient là pour la troisième épreuve, d'autant que la lucarne aboutissait aux lieux mêmes où l'épreuve devait commencer. Seulement le débaptisé sera dispensé du bain qu'on lui aurait fait prendre, vu qu'il l'a pris lui-même.

Les hommes noirs sont donc à leur poste, et la voix d'Abdon monte jusqu'à eux. C'est pourquoi, après avoir laissé notre héros s'égosiller environ une heure, l'un d'eux lui dit enfin, à l'aide d'un porte-voix : « Qui donc crie jusqu'à nous du fond de ces précipices d'où nul n'est sorti avant d'être reçu devs, c'est-à-dire avant d'être passé par la mort, et par les flammes de l'enfer... avant d'avoir reçu sur son front le sang de la bête qui monta des abîmes, avec des blasphèmes et des imprécations contre les chrétiens..... avant d'avoir bu de ce sang en abondance..... avant enfin d'avoir hérité de la puissance et de la haine de la bête contre les baptisés ? »

Renan répondit comme Achille: « Grand Dieu, rends-nous le jour, et combats contre nous ! »

Les habitants de la tour comprirent parfaitement qu'ils avaient affaire à un brave.

Mais comme ce n'était pas l'heure encore de le faire voir clair et loin : « Suivez le sentier devant vous, lui dit une voix, jusqu'à ce que vous trouviez un obstacle.

Là vous frapperez, et vous demanderez à être reçu devs ; c'est le seul moyen qui vous reste de vous arracher aux profondeurs insondables où vous êtes, et d'arriver à la lumière qui éclaire l'homme de bonne volonté.

Comme Renan savait fort bien qu'il y avait devant lui un vide immense (ce qu'il avait compris à l'écho des voix qui se perdaient sonores dans le lointain), il s'empressa de parcourir le vide, mais avec le regret de n'avoir pas une allumette à son service.

Il y avait déjà longtemps qu'il cheminait, lorsque en vérité il rencontra l'obstacle qui lui avait été annoncé, et qu'il croyait ne jamais atteindre.

S'étant mis à frapper rudement, selon qu'il lui avait été dit : « Vous frapperez, » il entendit d'abord une ravissante harmonie ; après quoi, une voix humaine interrogea le frappeur, disant : « Qui frappe chez nous à cette heure avancée de la nuit? »

« Un frère, » répondit Renan.

« Quelle espèce de frère, ajouta la voix..... Un frère turc, chinois, cochinchinois, juif, protestant, saint-simonien, catholique ? »

« Je ne suis rien de tout cela, répliqua Abdon. Je suis débaptisé, et je veux être devs. »

« Horreur ! dit la voix : fuyez loin de nous, maudit..... Allez-vous-en de l'autre côté du tunnel où sont les devs, c'est-à-dire les diables, puisque vous ne venez pas ici pour recevoir le baptême des chrétiens auxquels nous sommes voués en ces lieux. »

Renan fut étourdi du coup, en pensant qu'il n'avait pas affaire aux siens..... « Mais j'ai froid, répondit le malheureux, j'ai faim et soif..... En vérité, qui que vous soyez, pourriez-vous être sans pitié pour moi, et me refuser de passer chez vous, afin que je regagne au plus vite mon domicile ? »

« Si vous voulez être baptisé chrétiennement, et si vous voulez adorer la croix, lui fut-il objecté, vous passerez..... Dans le cas contraire, toutes vos supplications sont superflues..... »

Renan se gratta l'oreille, et il murmura des paroles de malédiction contre les baptisés. Mais s'il refusa le baptême qu'on lui offrait, il n'eût point refusé une allumette, dont il aurait eu grand besoin pour se rendre compte de l'état des lieux. Il se hasarda même à en faire la demande.

Pouvait-on lui refuser une allumette ?

Cependant, comme il ne la demandait pas au nom de Dieu : « Demandez au nom de Dieu, lui dit la voix, et vous recevrez ce que vous demandez..... »

Renan ne voulut pas dire de la sorte, alléguant que ce n'était pas la peine, et que d'ailleurs son Dieu à lui n'entendait pas du tout. C'est pourquoi il préféra se passer d'allumette, plutôt que de la demander au nom d'un sourd.

Mais tout à coup il se rua contre l'obstacle qui était devant lui, et le bomba de coups de pieds et de coups de poing, comme s'il eût voulu le démolir. Il trouva plus de résistance qu'à la porte de sa chambre du séminaire, et il battit en retraite, songeant à regagner les lieux d'où il était parti.

Comme le tunnel s'était rempli d'harmonie par suite des coups redoublés dont l'ex-lévite avait bombé l'obstacle, notre héros se dit tout naturellement que ces lieux étaient plus enchantés que lumineux..... et il se mit à préférer la lumière à la musique, à cause du véritable inconvénient dans lequel il se trouvait, faute d'un flambeau.... On pense même qu'il conçut le dessein, dans ce moment, d'éclairer le monde entier, de dissiper toutes les ténèbres qui l'inondent.

Quel inconvénient, en effet, de ne pas voir clair! tandis qu'il retournait vers son point de départ, il sentit un bras invincible l'étreindre, et il entendit une voix lui dire impérieusement de se préparer à recevoir le baptême des chrétiens.....

Renan répondit à la voix de l'abîme qu'il ne voulait pas de ce baptême..... et que, du reste, il voulait savoir à qui il avait affaire, décidé qu'il était à voir clair en toutes choses.

Soudain, à la lueur d'un éclair, l'ex-lévite put distinguer un géant tout noir dont une main le serrait déjà vigoureusement, tandis que de l'autre main il appuyait un glaive étincelant sur la poitrine du débaptisé et à l'endroit du cœur.....

Son émotion fut profonde.

« Voilà ce que c'est, lui dit le géant, de vouloir tout connaître..... Apprenez qu'il est des vérités qui doivent rester dans l'ombre et dans le mystère, parce que l'homme ne saurait ici-bas en soutenir l'aspect..... »

Renan ne parut pas de cet avis, disant que pour lui, du moins, il n'avait pas des yeux de chouette, mais des yeux d'aigle, et que le soleil ne lui faisait point peur.

Le géant lui ayant demandé s'il voyait bien plus clair qu'auparavant depuis qu'il était débaptisé, Abdon lui répondit qu'il faisait tout ce qui dépendait de lui pour sortir de l'embrouillage.....

« Dans tous les cas, objecta le géant, la route que vous suivez ici n'est pas très-lumineuse..... Voilà pourquoi je viens vous remettre dans les sentiers de la lumière par le baptême des chrétiens. Vous savez assez, sans doute, que le monde lui doit son plein soleil intellectuel..... »

« Je ne sais, répliqua Renan..... Peut-être oui, peut-être non..... Mais comme j'ai essayé de l'un, je veux essayer de l'autre baptême..... du baptême des devs dont on m'a parlé. »

« Il n'en sera pas ainsi, répondit l'homme noir..... et voilà mon glaive tout prêt à vous faire courber la tête sous l'eau sainte du sacrement catholique. »

« Je suis en votre puissance, qui que vous soyez, répliqua Abdon, et vous pouvez frapper; mais je mourrai sans baptême, si je ne reçois pas le baptême des devs. »

Tout à coup, à vingt pas environ de Renan et de l'homme noir, un immense brasier apparut avec d'ardentes flammes.....

« Précipitez-vous dans ce brasier, s'écria le géant d'une voix formidable..... ou bien je vous baptise malgré vous, pour vous faire chrétien ! »

En vérité, Renan se montra un homme de cœur contre le baptême du Christ, car il se précipita comme une flèche dans les flammes.....

Mais, ô prodige! tandis qu'un tourbillon de feu emporte l'ex-lévite à plus de 100 mètres de distance, on entend une ravissante harmonie dans les profondeurs du tunnel, et puis le tourbillon revient sur lui-même et on voit le débaptisé rayonnant d'allégresse, comme on voyait autrefois les martyrs chrétiens sourire du sein des flammes auxquelles on les jetait en proie.

Cet état de choses fit faire bien des réflexions à Renan sur les miracles..... Il lui parut *probable*, en effet, que la poudre de *perlinpinpin* qui venait de servir à son occasion, n'avait *peut-être* pas été méconnue autrefois.

Quoi qu'il en soit, voici le spectacle qui s'offre à nous à cette heure où Abdon a bravé le glaive et affronté les flammes de l'épreuve, à la manière dont il vient d'être parlé : « Si je n'étais pas *Astaroth*, dit l'homme noir, je voudrais être Renan.....» et il donna une bonne poignée de main à l'ex-lévite.

« Vous serez baptisé, ajouta-t-il, non point du baptême de l'eau, mais du baptême du sang, du baptême des devs dont vous êtes bien digne. »

Tout à coup Abdon fut saisi par des bras nerveux qui le placèrent sans peine dans la posture d'un enfant des chrétiens au baptême..... et à la lueur d'un éclair, on put voir un homme rouge et des hommes noirs..... Puis, du sein des ténèbres, une voix se fit entendre, disant : « Que voulez-vous faire du jeune homme que vous me présentez de la sorte? »

Et des voix répondirent : « Nous voulons en faire un devs, un véritable voyant. »

D. Quel est le nom de ce jeune homme?

R. Abdon.

D. A-t-il foulé aux pieds la croix?

R. Il l'a foulée.....

D. A-t-il été débaptisé du baptême des chrétiens, s'il l'a jamais reçu?

R. Il a été débaptisé.

D. A-t-il été éprouvé par la chute, et ensuite par l'eau, par le glaive et par le feu?

R. Il en est ainsi.....

« C'est bien, dit l'homme rouge! » Et il ajouta : « Que demandez-vous pour le jeune Abdon? »

R. Le baptême des devs.....

D. Comment se fait ce célèbre baptême?

R. Par le sang de la bête qui monta des abîmes, en vomissant des blasphèmes contre les baptisés du Christ.

D. Quels sont les bénéfices de ce baptême?

R. Il imprime un caractère indélébile, il donne droit à la haine et à la puissance contre les chrétiens ; puis à la clef d'or de la lumière, puis au miracle, au seul miracle qui existe véritablement.....

Et l'homme rouge dit à Abdon : « Voulez-vous recevoir le sang de la bête qui blasphème le Christ? »

Celui-ci ayant répondu affirmativement, on vit, à la lueur d'une pâle clarté, Astaroth élever une petite urne en fonte au-dessus de la tête de Renan, et les ténèbres s'étant faites de nouveau, on entendit ces paroles solennellement prononcées :

« Toi, le débaptisé du Père, du Fils et du Saint-Esprit ; toi, ancien lévite, je te baptise devs avec le sang de la bête, la grande ennemie des baptisés..... »

A peine l'homme rouge eut-il prononcé ces paroles solennelles, que le tunnel s'illumina de clartés plus vives, et devint ruisselant d'harmonie. Le nouveau devs, qu'on plaça sur un escabeau après la cérémonie du baptême, semblait être transfiguré dans un rayon de bonheur et de gloire, comme le Christ, un jour, sur le Thabor.

Et alors advient un nouveau personnage : il est vêtu d'une robe plus blanche que la neige ; une écharpe d'or lui sert de ceinture, et il porte sur sa tête une couronne de roses blanches, aussi pures que son vêtement. En vérité, s'il n'avait pas la figure noire, on ne le prendrait pas pour un devs..... Quoi qu'il en soit, ce personnage s'avance vers le nouveau baptisé, portant sur un plat d'argent une clef d'or.

Arrivé en présence du bienheureux, il s'incline devant lui trois fois, et il lui parle en ces termes : « Tu es venu chercher parmi nous la lumière, voici la clef d'or de la lumière.....; c'est-à-dire que les mystères du monde, tous contenus dans nos annales, te seront connus, puisque je te remets la clef de ces annales.

» Mais, afin que tu ne restes pas plus longtemps étranger à ces mystères, et afin que tes yeux soient dès ce moment à peu près ouverts, je vais t'en dire quelques mots.

» Ainsi donc, tu trouveras d'abord dans nos archives, dont nul ne pourrait douter sans renier le bon sens, tu y trouveras, dis-je, la preuve, et cela par un seul grain de sable et quelques légers fœtus parfaitement conservés, que la matière est positivement éternelle ; qu'elle n'a ni commencement ni fin ; c'est-à-dire que la matière est Dieu, ou mieux encore, que tout est Dieu. Tu trouveras aussi que la tour de Byblos a été établie, il y a trois cent mille ans, sur les ruines de l'ancienne tour, dont nul ne connaissait l'origine, et qui probablement n'avait jamais commencé.

» Si tu n'étais pas suffisamment fixé par les annales

soumises à tes investigations sur l'origine de Byblos, du moins tu resteras convaincu par la présence même des moules qui nous servent à faire de la musique dans ce tunnel, depuis que les dieux sont partis, tu resteras, dis-je, convaincu parfaitement que cette tour a été fondée pour la fabrication des dieux de l'univers entier. Tous les dieux des nations ont été fabriqués chez nous, tous, excepté le Dieu de Moïse, dont en vérité nous n'avons pas le moule.

» Mais aussi, qu'est-ce que Moïse ? C'est à son occasion que tu verras, pour ainsi dire, l'origine de nos luttes, continuées sous les prophètes, et ensuite sous le Christ et les apôtres, jusqu'à nos jours..... De quelle ingratitude, hélas ! nous avons été payés par nos anciens élèves ! Car, ce à quoi tu ne t'attendais point, c'est que tous les ennemis que nous avons eus, ont été nos élèves. Oui, après qu'ils ont été élevés, nourris, éclairés et blanchis par nous, après que nous les avons eu initiés à nos mystères, ces mêmes hommes, c'est-à-dire Moïse et les prophètes, le Christ et les apôtres, eh bien ! ils nous ont quittés pour se faire nos ennemis, pour ruiner nos forges de Byblos, et répandre partout les ténèbres en décriant nos dieux amis de la lumière !

» Et tu serais étonné de la fureur des devs contre des misérables de cette sorte, quand on pense qu'ils ont triomphé de nous ? Et comment ont-ils triomphé ? Moïse, avec un serpent de cuivre et une baguette ! Les prophètes, avec des harpes, des lyres et des chansons mouillées de larmes !..... Le Christ, en souriant aux petits enfants, en ayant pitié des pauvres, et en faisant quelques tours de passe-passe aux niais qu'il rencontrait ! Les apôtres, en chantant quelques airs de leurs prédécesseurs, et en faisant comme eux quelques grimaces plus ou moins heureuses ! Voilà véritablement tous nos ennemis, déjà connus de toi, en deux mots. »

« En vérité, mon frère, ajouta-t-il, si nos anciens élèves n'ont pas été des fous, il faut convenir que les hommes sont fous depuis longtemps..... Du reste, nos annales t'édifieront sur tout cela bien mieux que je ne saurais dire ici. C'est pourquoi je suis heureux de te remettre en ce moment la clef d'or, c'est-à-dire la clef de la lumière dont tu as été fait digne par le sang de la bête.

Ayant dit ainsi, l'historien passa un cordon de soie rouge au cou de Renan, et comme la clef d'or se trouvait attachée au bout de ce cordon, on put voir sur la poitrine du nouveau devs une belle clef, de la même manière que nous voyons une croix sur la poitrine d'un évêque.

L'homme rouge alors s'inclina devant Abdon, et il lui parla ainsi : « Tu as la lumière, mais que ferais-tu de la lumière sans la puissance et la haine ? Pour frapper au cœur toutes les ténèbres dont la terre est couverte, que faut-il, si ce n'est la foudre, afin de faire voir les aveugles et entendre les sourds ? Et pour bien lancer le tonnerre contre les insensés et les coupables, que faut-il, sinon haïr de la haine des enfers tous ceux qu'on veut atteindre ? »

Abdon se hâta de répondre : « Je veux la puissance et je veux la haine ! — Tu les auras, reprit le devs rouge, parce que c'est ton droit. »

Au même instant, les ténèbres se firent, et le vieux devs dit à Renan : « Bois à longs traits dans cette coupe. » Celui-ci, ayant saisi la coupe dans ses mains, dévora plutôt qu'il ne but tout le contenu. C'était le sang qui avait déjà servi pour son baptême, et dont on n'avait pas laissé perdre une seule goutte.

« Et maintenant, lui dit l'homme rouge en reprenant la coupe vide, ton alliance avec la bête est consommée, c'est-à-dire que sa puissance et sa haine te sont acquises, comme tu vas l'éprouver en ce moment. »

A la lueur d'une pâle clarté, le nouveau devs aperçut en face de lui, suspendue par un lien à la voûte du tunnel, la fameuse fourrure dont un éclair l'avait si maltraité un jour; et il vit un petit louveteau qu'un homme noir tenait, tout près de là, au moyen d'un cordon.

L'homme rouge lui dit alors : « Ceux qui ne sont plus contre nous sont pour nous : et, afin que tu saches ta puissance contre nos ennemis, ajouta-t-il, voilà un petit louveteau que nous avons baptisé chrétiennement, et qui se trouve soumis à ton pouvoir par son baptême. Commande donc à la bête des abîmes, c'est-à-dire à ses foudres, de frapper, et tu sauras ce qu'est un devs accompli. »

Renan commanda en effet à la foudre de frapper, et le louveteau roula dans la poussière. Il ne fallut rien moins qu'un élixir miraculeux pour le rappeler à la vie.

Voilà donc le but où tendent nos efforts, ajouta le devs rouge, c'est-à-dire à la destruction du baptême. Et maintenant écoute-moi, et que ta réponse soit claire et nette : « Un jour nous aurons la victoire, ce sera quand tous les baptisés, comme le louveteau, seront bien à notre portée. Mais, en vérité, s'ils étaient tous à ta portée en ce moment, que ferais-tu ? Lancerais-tu la foudre à des millions d'imbéciles, et à des millions de coupables, de manière à les écraser tous pour faire luire au monde la lumière ? » « Je le ferais, dit Renan. »

« Et si, lorsqu'ils seraient tombés sous les coups du tonnerre, il fallait pour les relever une seule goutte du sang qui a coulé sur ta tête et dont tu as bu à longs traits, donnerais-tu, poursuivit-il, une goutte de ce sang sacré ? »

« Je n'en donnerais pas une goutte, » dit encore Renan.

Le maudit tressaillit à ces mots sublimes pour l'enfer ; et il donna le baiser de Satan au nouveau devs, ce baiser qui ne s'efface ni dans ce monde ni dans l'autre. Et il ajouta : « Va, mon digne frère ! et si les baptisés chrétiens refusent de marcher à ta lumière, puissent-ils se trouver à la portée du *foudrier* allumé par tes fureurs bien dignes de l'enfer, et que moi, Satan, je partage, comme étant le père de la haine.

Les ténèbres les plus épaisses régnèrent à ces mots, et c'était l'heure du miracle que Renan d'ailleurs n'avait point perdu un seul instant de vue. Une voix alors se fit entendre, disant : « Les devs sont grands, les devs ont la lumière, et ils ont la force et ils ont la haine. » Et la voix ajouta : « Un jour, il y a cent mille ans à peine, un homme vint frapper à la porte de la tour.....

» C'était Noé, en vérité, qui venait nous voir. Mais écoute le reste : « Je viens, dit-il à notre maître, pour
» vous commander trois pyramides, d'au moins 150
» mètres de haut..... Il fait si mauvais temps depuis
» quelques années, que j'ai la tête cassée comme par
» le bruit sourd des vagues qui montent ; c'est-à-dire

» que je crois à un déluge universel. Je voudrais donc,
» ajouta-t-il, me sauver sur une pyramide avec ma
» famille, tandis que mes amis se hisseraient comme
» ils pourraient sur l'autre ; la troisième serait destinée
» aux bêtes..... »

» En disant cela, Noé ouvrait un portefeuille qui indiquait assez ses ressources ; c'est pourquoi notre digne bourgeois lui dit : « Je suis à vos ordres. » Et ils passèrent un traité que vous trouverez dans nos annales, si les rats ne l'ont pas mangé.

» Un an après, le moule des pyramides de Gizeh était fini ; trois mois après, les pyramides étaient coulées ; trois mois après encore, elles étaient en place, juste au moment où les eaux commencèrent à lécher les pieds du saint patriarche. »

« Que veut dire ceci ? dit alors la voix. Ceci veut dire que le tunnel dans lequel vous vous êtes promené si peu agréablement tout à l'heure, ce tunnel dans lequel vous avez été reçu devs, et dans lequel vous êtes en ce moment, n'est autre chose que le moule des pyramides de Gizeh, que nous avons fait le témoin de nos mystères. »

« Pour le coup, dit Renan, si vous me faites voir ce moule, je croirai que mes yeux se sont reposés sur un miracle, et je dirai que non-seulement Jésus n'est pas à la hauteur des devs, mais que Moïse est un fameux radoteur. »

Or, voici le spectacle qui s'offre à nous en ce moment : Le tunnel est rempli d'harmonie et de lumière, et une inscription en caractères pour ainsi dire géants se présente aux yeux du nouveau devs.

Cette inscription, gravée sur les parois du tunnel, dit

formellement : Je suis le moule des pyramides de Gizeb, et il y a déjà cent mille ans que je supporte les flots de l'Adonis, cent mille ans que je suis témoin des mystères devsériens.

A ces mots, tombant à genoux : « Devs ! s'écrie-t-il, par qui mes yeux ont vu tant de choses merveilleuses, devs ! par qui je suis heureux enfin, ayant vu, entendu et touché un miracle, je me consacre à vous sans retour, et je fais vœu de ne servir à jamais que vous. »

On dit que, ne pouvant exprimer ses transports, à la pensée de se trouver ainsi dans la canule des pyramides de Gizeb, il se mit à danser comme un fou au son de l'harmonie dont le tunnel était inondé.

Il continuait une heure après sa danse échevelée, lorsqu'on vint lui annoncer que sa sœur avait pénétré dans la tour, et demandait impérieusement à le voir.

Dans l'inquiétude que lui avait faite l'absence trop prolongée de son frère, Clorinde avait cru devoir s'informer d'Abdon partout dans Byblos. Ayant appris qu'il s'était jeté dans l'Adonis, et qu'on l'avait vu se diriger vers la tour, y pénétrer même par la lucarne susdite, la bonne sœur était allée frapper à la porte de fer. Puis elle avait supplié les habitants de lui ouvrir.....

Comme elle n'avait pas obtenu de réponse, elle avait, à tout hasard, essayé la clef qu'elle avait trouvée dans l'hôtellerie, et elle avait réussi à se faire un passage.

Souvenons-nous, en effet, qu'Abdon avait perdu sa clef. Et voilà la cause de la fin de ses ébats, qui ne semblaient pas devoir finir encore.

QUATRIÈME PARTIE.

ROME.

> Où nous voyons Renan offrir une couronne,
> Puis un sceptre royal à Jésus, puis un trône,
> En lui disant : Enfin le siècle ouvre les yeux.....
> Sois roi, mais c'est assez.... Descends du rang des dieux.

Jusqu'à l'heure où elle était entrée dans la tour, Mlle Clorinde pensait que son frère allait prendre des leçons d'histoire (n'importe où). Mais aujourd'hui qu'elle a vu tout le noir de la tour mystérieuse, elle se doute bien de quelque diablerie. C'est pourquoi, de retour à l'hôtel, elle lui demanda si, en vérité, il ne recherchait pas les ténèbres plutôt que cette lumière dont il lui parlait si souvent, et à laquelle elle ne pouvait rien comprendre du tout.

Son cher frère lui répliqua alors que pour bien comprendre sa doctrine, il fallait être reçu devs, ce qui ne fit pas voir Clorinde plus clair.

On raconte, toutefois, qu'en écoutant un jour plus attentivement le rêve de son frère, au sujet de Jésus, de Jean, de Pierre, de Luc, de Matthieu, du pauvre Lazare, puis d'un grand nombre de femmes de l'Evangile (dont Eugène Sue a parlé beaucoup, et à la manière des devs, dans les *Mystères du peuple*), on raconte, dis-je, que Mlle Clorinde finit par avouer que c'était bien..... mais que c'était un roman pour les gentils, et un blasphème pour tous les chrétiens.

Et elle ajouta que son Jésus (qui n'existait encore, il est vrai, que sur des feuilles volantes) ne valait certainement pas (en dépit de la canule des pyramides de Gizeh) le Jésus qui était venu vivre et mourir sur la terre, comme jamais homme n'a fait et ne fera jamais..... et qui avait attiré tout à lui après sa mort, avec des moyens tellement en opposition avec l'ordre naturel des choses, qu'un des plus grands hommes des temps passés, présents et à venir disait, à cette seule pensée, en parlant du Christ : « Je connais les hommes, Jésus n'est pas un homme ! »

Renan laissait dire Clorinde, et il poursuivait ses investigations dans les annales immortelles, lorsqu'un jour il lui annonça qu'il voulait aller à Rome, et qu'ils iraient ensemble.

Sa sœur lui ayant demandé tout naturellement le sujet de ce voyage, Abdon lui répondit qu'en vérité Jésus n'était pas Dieu, sans doute, mais qu'au moins il était certain, d'après les annales mêmes qui parlaient de lui fort au long, que c'était le meilleur homme d'ici-bas, qu'il voulait que tout le monde vive, même les philosophes, même les devs, puisqu'enfin les annales disaient qu'il avait donné sa vie pour tous.

« Ainsi donc, poursuivit Renan, je veux aller à Rome, parce qu'il m'est venu en pensée qu'il y aurait moyen de tout arranger avec lui, au sujet des forges de Byblos dont on le fait le plus grand ennemi, ce qui, réellement, n'est qu'un mensonge : car, que lui font les dieux de Byblos, c'est-à-dire les dieux-matière, lorsque lui-même n'est peut-être pas Dieu du tout ? »

« Tu n'es pas certain que le Christ ne soit pas Dieu, lui dit sa sœur, et tu veux aller traiter avec lui comme avec un homme ? »

« Vois-tu, lui répondit Abdon, cela me regarde..... Comme c'est une grande question aujourd'hui, je veux essayer de la résoudre quand même, car il y a là du bruit et de l'argent. »

Sa sœur lui dit fort bien, alors, que c'était fort mal de soulever des questions qui attaquaient la base de la société; qu'au lieu d'employer son talent à saper cette base, il ferait mieux de l'employer à la consolider, dans des temps surtout où le manque de solidité sociale ne provenait certainement que du manque de foi.

Or, il y avait plus de deux années que Renan et sa sœur étaient à Byblos, lorsqu'un jour ce cri retentit dans la ville, *comme un coup de tonnerre : Clorinde se meurt, Clorinde est morte !*

Cependant, comme elle n'était pas morte encore, en dépit de la rumeur publique, voici ce qui se passa : Un conseil de devs se tint dans la tour, au plus vite, à cause que la bonne sœur voulait mourir chrétiennement.

Les devs, en vérité, décidèrent qu'elle devait mourir devsine, bien qu'elle ne fût pas reçue devsine, dit-on..... C'est pourquoi, l'un des frères (après décision du conseil) se déguisa en moine, et aurait essayé de lui détacher l'âme du Christ, si, lorsqu'il arriva dans l'appartement de la bonne et regrettable Clorinde, il ne l'avait déjà trouvée trépassée depuis un moment.

On consigna néanmoins, dans les célèbres annales de la tour, que la chère sœur Clorinde était un ange dans les espaces, à cause qu'elle avait aimé (ce que je nie) le Jésus de son frère, et non point le Jésus de sa mère.

Renan ira donc seul à Rome, mais seulement six mois après qu'il a pleuré sur une tombe chérie, et sur laquelle nous reviendrons nous-mêmes plus tard.

Comme les temps sont venus, le voilà parti pour aller plaider la cause des siens..... Ce voyageur que nous apercevons sur le chemin de la ville éternelle, ce voyageur qui est déjà aux portes de Rome, et qui s'est arrêté attentif, grave, et tout à coup plongé dans une méditation profonde, c'est Abdon.

Pourquoi se recueille-t-il de la sorte avant de pénétrer dans l'immortelle enceinte? C'est pour réunir tous les ennemis de la divinité du Christ, vivants et morts, selon que les devs ont plein pouvoir de rallier les ombres de tous les frères.....

Et maintenant, quelles sont ces nuées qui montent de l'orient et de l'occident, du midi et du septentrion? et qui s'empressent à la voix qui les appelle?

Ce sont d'abord des hérésiarques..... Il y a là des vandales, des ariens, des vaudois, des sociniens..... et vous voyez le chef de ces nuées..... c'est Arius.....

Puis ce sont les philosophes qui ont fait la guerre au Christ, depuis Julien jusqu'à Voltaire, et jusqu'au dernier qui blasphémait hier contre Jésus en partant de ce monde..... et ces nuées ont aussi leur chef..... c'est le *célèbre* de Ferney.

Il y a encore des nuées qui se mêlent sans se confondre, et qui, à l'ombre d'un commun drapeau, se distinguent par des noms différents ; ce sont des rationalistes, des spirites, des francs-maçons..... que sais-je..... des saint-simoniens, des mécréants de toute sorte.

A l'aspect de toutes ces nuées innombrables, il semble à Renan que l'heure est enfin venue de recueillir ce qui a été semé d'impiété le long des siècles jusqu'à ce moment, et les nuées elles-mêmes tressaillent d'espérance.

Mais s'adressant alors à toute la *séquelle* : « Pour vaincre, il faut être unis, dit Renan..... pour être unis, il faut un chef..... Quel sera ce chef ? » Et élevant la voix de manière à être parfaitement entendu de tous : « Quel est celui de vous, ajouta-t-il, qui a foulé aux pieds la croix du plus sacré souvenir, après lui avoir jeté l'insulte à la face ? »

Et comme nul ne répondit : « J'ai fait une pareille chose..... Eh bien ! dit le jeune devs, ce que nul de vous n'a fait, je l'ai fait moi-même, et je m'en flatte. »

Et il continua, disant : « Quel est celui de vous qui, ayant été baptisé du Père, du Fils et du Saint-Esprit, a été débaptisé par l'eau de feu ? » Et nul ne répondant à cette question nouvelle, l'interrogateur ajouta : « J'ai été baptisé et débaptisé de la sorte, et je m'en fais gloire. »

Les nuées étaient attentives.

« Quel est celui de vous, poursuivit-il alors, qui a été baptisé du sang de la bête montant un jour des abîmes avec des malédictions contre les chrétiens..... Et quel est celui qui, ayant été baptisé de cette façon, a bu le sang de son baptême, et a senti la haine le faire tressaillir d'un tressaillement diabolique ? »

Les nuées et leurs chefs se taisaient toujours, et le devs : « J'ai été baptisé de ce sang, dit-il, et j'en ai bu en abondance..... »

On eût dit qu'un sentiment d'effroi passait au sein des ombres à ces dernières paroles, au point que Voltaire lui-même en était pâle, et qu'Arius s'écria, en s'adressant au devs : « Tu mériterais les infernales coliques dont je suis mort ! »

Ayant ainsi exposé ses droits à la conduite des nuées : « Et maintenant, dit-il, quel sera votre chef à tous ? »

Et on entendit toutes les voix des nuées s'élever comme une seule voix pour nommer l'ex-lévite capitaine de toute la séquelle innombrable.

Or, voici ce que dit le capitaine des ombres : « Il est probable *pour nous tous* que le Christ n'est pas Dieu..... Mais n'êtes-vous point d'accord que c'est un honnête homme et un grand homme même ? »

Sans laisser le temps de répondre à cette question : « Je suis d'avis, poursuivit-il, que nous soyons prudents et que nous ménagions les préjugés des hommes qui reconnaissent à Jésus des qualités supérieures..... C'est le moyen de ne pas irriter les passions, et d'arriver plus sûrement à notre but.....

» Je voudrais même (car aujourd'hui que vaut une couronne !) que pour mieux lui ravir sa divinité, nous lui offrions le trône du monde.....

» Il n'en voudra pas, sans doute, à cause du mépris qu'il professe pour les honneurs, mais enfin nous aurons paru galants à son égard, et notre jeu étant bien joué, nous pourrions gagner cette fois la partie..... »

Plusieurs reconnurent là leur séminariste, mais

nul ne répondit un seul mot à l'exposé de ses desseins.

« Puisque vous vous taisez, dit-il alors, c'est que vous êtes de mon avis..... Mais toi, du moins, Voltaire, ajouta-t-il, n'as-tu rien à répondre ? »

« Tu vas faire du scandale, répondit Voltaire, et c'est déjà quelque chose, mais tu ne feras rien plus..... car ce fou de Rousseau l'a dit avec raison : Si la vie et la mort de Socrate sont d'un sage, la vie et la mort de Jésus sont d'un Dieu. »

« En avant les nuées, s'écria le devs, et nous verrons si je n'emporte pas la divinité de Jésus à la pointe de mon discours. »

C'est déjà la nuit sombre..... et les nuées, à la suite de leur capitaine, se rendent empressées dans l'immortelle basilique de Saint-Pierre, qu'elles remplissent dans toute son immensité. Pas une place vide ! Seulement vous ne voyez personne à genoux devant celui qui habite ces lieux sacrés..... personne dans une posture respectueuse..... personne avec la prière sur les lèvres et dans le cœur.....

Cependant Jésus est là..... c'est lui dans l'ombre du sanctuaire qui prie..... Que n'entendent-ils sa prière ceux qui ne prient pas, car il prie pour eux..... habitué qu'il est à prier pour ses ennemis !

Renan, toutefois, qui se trouvait, comme capitaine, le plus proche de Jésus, crut fort bien entendre ces paroles : « Et lui aussi, ce pauvre abbé, qui m'aimait tant autrefois !..... »

« Il est vrai, s'écria l'ex-lévite, que je vous aimais, et que je vous aime encore..... La preuve que vous ne m'êtes pas indifférent, c'est que je vous apporte une couronne comme au plus noble et au plus digne des hommes..... Et vous le voyez, ajouta le devs, je ne suis pas seul devant vous en ce moment pour vous couronner.....

» Oui, tous (et notre nombre est semblable aux grains de sable des rivages), nous vous faisons roi, à condition que vous vouliez bien descendre des autels qu'on vous a dressés par erreur..... et qui ne sont pas plus faits pour vous au dix-neuvième siècle que vous n'êtes fait pour eux. »

« Bien dit, s'écrièrent les nuées..... vive Jésus-roi. »

Et comme Renan allait essayer tout à coup de placer une couronne sur le front de Jésus, Jésus, prenant la parole avec douceur et majesté, lui dit : « Vous avez lu dans l'Evangile les discours et les actes du Maître..... n'avez-vous pas vu qu'il a méprisé les honneurs pendant sa vie mortelle, et qu'il a conseillé aux hommes de ne les point aimer..... de faire comme lui ?

» Comment donc venez-vous ici me mettre en contradiction avec moi-même ?

» Vous ne voulez pas que je sois Dieu, poursuit le Christ, parce que ce n'est pas moi qui vous ai fait voir *le grand prodige de Byblos*..... Mais en vérité, je vous le dis, voici un miracle plus grand encore que celui-là, et dont le monde est chaque jour témoin : je veux dire le miracle de ma perpétuelle et constante victoire sur tous les devs depuis dix-neuf siècles.....

» Dites, mon cher ex-lévite, ajoute Jésus, ce vainqueur de toutes vos attaques formidables, ce vainqueur des plus puissants obstacles qui se puissent trouver contre lui, si faible en apparence, celui-là n'est-il pas un Dieu, et au lieu de mériter une vaine couronne que vous lui arracheriez demain, ne mérite-t-il pas des autels? »

« Eh bien, puisqu'il faut vous le dire, répliqua Renan, nous ne voulons plus même de Dieu. »

« Insolent, dit Voltaire ! s'il n'y avait pas de Dieu, il faudrait l'inventer ! »

Et Jésus prenant de nouveau la parole, toutes les nuées écoutèrent attentivement.

« Dans ce temps-là, dit-il, il y avait une lime dans la boutique d'un forgeron : une vipère étant entrée dans cette boutique se mit à ronger cette lime, pensant en faire sa nourriture.

» La vilaine bête ensanglanta tellement sa bouche dans ses vains efforts pour ronger l'acier, qu'elle mourut misérablement. »

Tous les assistants comprirent l'apologue, et on put voir une mauvaise grimace gâter toutes les figures.....

Mais Renan : « Ce n'est pas avec les dents, dit-il, que je vous piquerai..... mais avec la plume..... et peut-être que vous vous repentirez d'avoir refusé mes offres..... »

Jésus fit un doux sourire. Puis les nuées et leur chef sortirent de la basilique, fort mécontents de la persévérance de Jésus à vouloir être Dieu plus longtemps, ce qui allait troubler encore la paix du monde, à laquelle on arriverait si bien sans autels et sans Dieu..... chères nuées !

CINQUIÈME PARTIE.

EN BRETAGNE.

> Où Renan voit, hélas ! brûler son pieux livre.....
> Où même il entendra les anges d'un couvent
> S'écrier à l'envi : Que le feu nous délivre
> Du Jésus de Renan !

Les nuées venaient de disparaître..... un silence solennel régnait dans les profondeurs de l'immense basilique..... et le grand manteau des ombres semblait ajouter à la majesté du Dieu qui l'habite.....

Au sein de ce silence profond et de ces imposantes ombres, on entendait cependant comme le murmure de la brise qui passe légère, afin de purifier l'enceinte sacrée..... et on eût dit comme le murmure d'une voix disant : « Peut-il venir en pensée qu'il n'y a pas un Dieu caché dans cet auguste sanctuaire, monument sublime de la foi des siècles et des générations ! Peut-il venir en pensée, surtout, qu'un ex-lévite annonce à l'univers catholique que ce sanctuaire est vide..... et que les croyants n'ont élevé qu'un tombeau au lieu d'un temple immortel.....

Il en est ainsi..... et pour prouver le néant de la foi chrétienne, Renan a fait une histoire — *à sa façon*..... Sans doute cette histoire, sortie des annales de Byblos, est parfaitement écrite : mais, je ne crains pas de le dire, le moule des pyramides de Gizeh et la

Vie de Jésus, c'est à peu près la même histoire au fond..... et c'est cependant cette invention étrange qui fait un bruit formidable dans le monde et une grosse fortune à son auteur.

Il n'y aurait rien d'étonnant si des pensées de réforme religieuse ayant été jetées au public avec le talent déployé dans la *Vie de Jésus*, ces pensées avaient réussi à faire de l'effet, car il y a et il y aura toujours à dire contre les hommes..... Mais ce qui étonne dans un pays catholique, dont le Christ est le modèle accompli parce qu'il est divin, c'est qu'une attaque des plus audacieuses et des plus mensongères ait pu faire autre chose qu'une impression de souverain mépris.....

Bien loin de là ! il y a eu, pour ainsi dire, une heure où, à force de succès et de bruit, le monde entier semblait se croire à Renan, comme il se crut un jour à Arius.....

On n'entendait plus, en effet, en tous lieux que ces paroles : « Voici Renan..... voilà Renan..... qui veut du Renan..... demandez du Renan..... avez-vous lu du Renan..... vive Renan..... » En vérité, j'ai été abruti mille fois par ce nom devenu célèbre, pour avoir répété, en bon français, un blasphème que les impies se renvoient de bouche en bouche et de génération en génération, depuis le commencement jusqu'à la fin, contre Dieu et son Christ !

Est-ce que le blasphème de la bête prouve autre chose, sinon qu'elle a peur du Dieu qui a fait le ciel et la terre ?

Est-ce que Renan prouve autre chose lui-même contre Jésus, sinon que la foi catholique blasphémée par lui le dérange dans ses allures, et qu'il voudrait bien qu'elle ne fût qu'un rêve, le rêve qu'il lui a plu de s'en former et de nous jeter à la face?

Le Christ était hier, et il est aujourd'hui, et il sera demain..... Voilà la vérité..... il n'y en a pas d'autre..... Si cette foi dérange Renan, pourquoi voudrait-il qu'elle dérange toute la société?

Hâtons-nous cependant de dire que le monde est revenu de sa surprise, après avoir, il est vrai, payé un rêve qui n'était pas mal un coup de bourse plutôt qu'autre chose.

A peine, en effet, a-t-on appris que la *Vie de Jésus* avait été fabriquée à Byblos, à l'aide des célèbres annales devsériennes, c'est-à-dire à l'aide des moules qui servaient à fondre jadis les dieux-matière, à peine, dis-je, a-t-on appris ces choses, que le livre est tombé sous le poids de la réprobation commune.

En vérité, il n'en fallait pas davantage pour la ruine de ce roman impie que de connaître son origine : (la tour diabolique), et son but : (une tentative aux écus).

A Narbonne, par exemple, ne s'est-on pas dit : « Renan a défiguré le Christ..... Défigurons Renan ? » Et n'aurait-on pas fracassé, pulvérisé son plâtre, si on n'avait pas voulu laisser lire l'expression de l'opinion publique dans le mot de *renard*, substitué à celui de Renan, déjà gravé sur le buste mutilé ?

Et moi je dis aux habitants de Narbonne : « Substituez au mot de renard celui de devs..... c'est-à-dire le nom d'un échappé du séminaire, qui, avec un morceau de soutane sur le dos, est allé se faire débaptiser à Byblos, et fouler aux pieds la croix du divin Maître. »

6

« Certainement, disait un homme fort respectable, il n'y a qu'un défroqué qui ait pu insulter de la sorte à la foi chrétienne. »

« Que voulez-vous, disait un autre personnage..... Jean a été mordu par *celui* à qui il donnait du pain..... Le Christ a été mordu par Renan, dont l'Eglise avait pris soin..... »

Et un troisième disait : « Il était libre de penser et de croire à sa façon ; mais après avoir communié dévotement pendant un grand nombre d'années, lui était-il permis de faire savoir à tout le monde qu'il foulait aux pieds les sacrements ? »

Qui n'a entendu parler aussi des auto-da-fé nombreux dont la trop célèbre *Vie de Jésus* a été le sujet ?

Il serait trop long de vous les raconter. Mais écoutez une anecdote qui s'est passée en Bretagne et qui me paraît digne d'être connue parmi tant d'autres que nous pourrions citer.

Renan avait le son des trompettes pour annoncer au monde l'apparition du produit de Byblos ; mais en qualité d'ancien lévite, il n'ignorait point qu'une certaine partie des chrétiens n'entendait pas les bruits du dehors. « Et cependant, disait-il, il était bon, indispensable même, que cette partie sût que Jésus était au ban des devs..... »

Et voilà pourquoi d'innombrables ballots d'exemplaires de la *Vie de Jésus* partirent déjà pour la province, confiés à des agents parfaitement fixés sur les desseins de l'auteur..... Il s'agissait, en effet, de les glisser dans les couvents.....

C'était d'autant plus facile d'infiltrer les dits exemplaires dans les établissements religieux, qu'ils ont pour titre *la Vie de Jésus*, vie de contrebande, sans doute, mais qui ne se présentait pas comme telle au premier aspect.

C'est ainsi que des religieuses de Rennes achetèrent véritablement une quantité de ces vies-là..... à cause que l'une d'elles avait parfaitement connu la famille de notre héros.

On raconte même que la bonne religieuse pleura beaucoup en apprenant la mort de la bonne Clorinde et en lisant la dédicace de la *Vie de Jésus* : A ma sœur.

Toutefois, lorsque les nonnettes ont compris, en poursuivant la lecture du livre, dans quel piége elles sont tombées, il faudrait les entendre ! « Quelle fraude et quel poison ! » s'écrient-elles de concert ; et les signes de croix et les eaux bénites abondent en même temps.....

Ce n'est pas tout : « Venez, venez, nos chères enfants ! s'écrient-elles en s'adressant à une centaine, et plus, de jeunes filles, leurs élèves. Allez vite chercher des fagots..... toutes, toutes, allez..... et nous ferons brûler le diable !

Je vous laisse à penser quel remue-ménage, et combien vite est dressé le bûcher !

Or, Renan était allé à Rennes, et il voulut voir la bonne religieuse, en mémoire de sa sœur dont elle avait été l'amie, et aussi peut-être afin de lui glisser quelques exemplaires dont n'avaient point voulu quelques ombres célèbres du pays.....

Il alla donc au couvent, et il fut introduit dans un magnifique parloir qui a deux belles ouvertures sur la cour où les choses se passaient, comme nous venons de le dire. C'est ainsi qu'il put être témoin de la plus joviale ronde possible, autour d'un bûcher qui consumait ses exemplaires, et qu'il put entendre la chanson suivante, délicieusement chantée par des voix d'anges, sur l'air : « Un jour maître corbeau, » et que le lecteur chantera, je l'espère, pour peu qu'il lui reste une voix.

LES RELIGIEUSES.

Oh! le charmant bûcher! qu'il est vif..... pétillant!
Au feu! le livre impie..... et sans perdre un instant!
    Mais quand le feu l'inonde
    Et qu'il est tout fumant,
    Essayons une ronde
    En l'honneur du Renan.

LES ÉLÈVES.

    Sur l'air du tra, la, ra,
    Sur l'air du tra, la, ra,
    Sur l'air du tra, deri, dera,
        La, la, ra.

LES RELIGIEUSES.

Quel malheur cependant si nos saintes maisons
Dans ce nouveau Jésus apprenaient leurs leçons!
    Est-ce bien votre vie,
    En effet, ô Jésus?
    C'est une comédie.....
    Un rêve..... et rien de plus!

LES ÉLÈVES.

Sur l'air du tra, la, ra, etc.

LES RELIGIEUSES.

Le diable ne rit pas sans doute de ceci...
Mais Renan rirait-il s'il le voyait aussi ?
  Ah ! s'il venait attendre
  Un petit compliment,
  D'un beau cornet de cendre
  On lui ferait présent.

LES ÉLÈVES.

Sur l'air du tra, la, ra, etc.

LES RELIGIEUSES.

O temps ! ô mœurs ! traiter ainsi la vérité !
Puis venir jusqu'ici vendre l'impiété !
  Il ferait mieux de mettre
  En poudre son roman.....
  Et surtout de remettre
  A chacun son argent.....

LES ÉLÈVES.

Sur l'air, etc.

Comme nous l'avons dit, Renan put fort bien voir et entendre tout ce qui se passait dans la cour au sujet de ses exemplaires. C'est pourquoi, au lieu d'attendre la religieuse qui allait venir après l'auto-da-fé, il s'esquiva en disant : « Je laisse les cendres aux bonnes sœurs, et je garde ce que je tiens, c'est-à-dire les espèces » (on a toujours dit que Renan n'était point bête du tout). Disons cependant que son beau livre baisse, parce que tout doit baisser devant Jésus, même les devs et leurs œuvres, fort mal nommées œuvres de progrès, comme si un peuple pouvait progresser sans foi, en dépit des ballons d'essai de Godard, je devrais dire de Renan.

Les peuples seront attentifs sans doute, et ils diront peut-être : « Quel bonheur si on pouvait voyager dans l'air ! quel bonheur si la société pouvait marcher sans foi ni lois ! » Mais revenant au bon sens, ils diront aussi : « Cette manière de circuler est bonne pour les insensés et pour les peuples qui veulent se casser le cou. »

SIXIÈME PARTIE.

LA TRAPPE.

> Ici repose Abdon, qui fut séminariste,
> Qui fut devs, et finit par devenir trappiste!

Renan s'est éloigné du couvent de Rennes avec la pensée de ne jamais plus mettre les pieds dans ces sortes de maisons, où son Jésus était si mal accueilli et où, sans doute, il ne serait pas mieux accueilli lui-même à la fin.

Et maintenant nous n'entendons plus parler de ce célèbre personnage. Néanmoins, malgré le silence qui semble s'être fait un instant, à son sujet, écoutez une voix qui monte de Byblos et une voix qui s'élève de la France..... deux voix qui nous sont connues, deux voix qui nous parleront de Renan.

C'est l'heure de la nuit, quand les devs de la tour mystérieuse méditent des complots contre les baptisés..... c'est l'heure des plus épaisses ténèbres, car les complots et les espérances des devs ne connaissent pas la lumière..... mais c'est aussi le moment solennel où les âmes en peine gémissent leur douleur.

« Mère, dit une voix, qu'est devenu celui que nous aimions, et que j'ai perdu depuis longtemps de vue, le cherchant et ne le trouvant pas, comme si Dieu me disait : « Tu ne verras plus ton frère ! »

» Mère ! ajoute la voix qui monte de Byblos, dis-moi si Abdon est vivant et s'il a trouvé enfin la vérité. Et s'il n'est plus de ce monde, dis-moi s'il s'est réconcilié avec Jésus avant de quitter la terre. Je souffre, à l'occasion de ce frère aimé, ne sachant rien de lui..... O mère ! toi qui sais tout (car Dieu ne permet pas que l'ombre maternelle puisse perdre de vue un fils), eh bien ! soulage ma souffrance en me parlant de lui. »

A cette voix connue, l'ombre maternelle tressaille, mais elle ne répond que par des soupirs et des larmes.

Et la première voix s'élevant encore de la sépulture étrangère vers les lieux où des cyprès funèbres voient des pleurs et entendent de douloureux soupirs : « Parlez, parlez, ô mère, s'écrie-t-elle, plus puissante que la première fois !..... Que je pleure avec vous, si vous pleurez ! que je me réjouisse de vos joies, si vous êtes heureuse ! »

A ces nouveaux accents, l'ombre gémissante semble vouloir secouer son deuil et rompre le silence, mais elle ne parvient qu'à prononcer des paroles confuses, et qui s'éteignent dans les gémissements.

Mais alors, semblable à une voix qui commande d'en haut : « Au nom de Dieu, mère, s'écrie la voix de Byblos, et au nom de votre fille tant aimée et qui vous adore, parlez !..... et dites-moi, puisque vous le savez, ce qu'est devenu Abdon..... »

A ce cri de désespoir, ou plutôt, à ce cri d'amour, l'ombre maternelle s'est sentie tressaillir sept fois, et ses tressaillements l'exaltent à l'horrible puissance de dire son angoisse : « Votre douleur, ô ma fille, lui dit-elle, sera donc grande comme ma douleur, qui ne peut être comparée qu'à l'immensité de l'Océan !

» Abdon ! malheureux Abdon ! Qui ne sait aujourd'hui, sous le ciel, qu'il a été débaptisé par l'eau de feu..... qu'il a foulé aux pieds la croix du divin Maître..... qu'il a reçu sur son front le sang diabolique de la bête des abîmes..... qu'il a bu le sang de la haine, et qu'il a lancé des foudres contre le ciel et contre la terre ? »

(L'ombre de Byblos poussa un cri d'horreur.) L'ombre maternelle poursuit de la sorte : « Et maintenant, ô ma fille ! regarde, si tu peux, les sentiers où il court, car il est encore vivant..... mais voilà que le sang de la bête dont il s'est enivré pour haïr les chrétiens s'est tourné contre lui..... Regarde quelle haine le poursuit cette fois lui-même..... regarde comme il court, comme il fuit sans repos sous l'empire d'une voix qui lui crie : « Maudit ! » et sous l'empire d'une force invincible qui l'entraîne à subir les coups de la malédiction qui l'accable.....

» Cédant à cette puissance irrésistible, et ne se trouvant jamais assez distant de la voix qui lui jette un cri d'horreur, il traverse les mers profondes ; mais un cri domine les abîmes et la grande voix des orages..... ce cri, vous l'entendez, mon fils ! et pâle et tout tremblant, vous n'entendez plus la foudre, vous n'entendez plus rien, que le nom de maudit ! Mais il touche au rivage..... Regardez, ma fille, regardez, ajoute l'ombre maternelle, comme il fuit déjà bien loin de ce rivage où il touchait à peine ! Si du moins le cri qui le poursuit implacable pouvait se perdre, s'égarer dans les forêts éternelles, au sein des solitudes où il fuit haletant, éperdu ! Vains efforts, car si les solitudes se taisent, c'est pour mieux laisser entendre la voix qui lui crie : « Maudit!..... »

» Et je le vois, fuyant dans les ravins, dans les précipices des monts, dans tous les lieux d'horreur qui semblent les mieux faits pour dérober un crime aux yeux des hommes, mais les mieux faits aussi pour le révéler à la conscience! et il fuit ainsi d'abîme en abîme, d'horreur en horreur! L'entendez-vous, disant à tous ceux qu'il rencontre sur ses pas, et qui semblent tentés de fuir à son aspect : « Ne craignez rien, c'est moi qui
» tremble, c'est moi qui ai peur, c'est moi que l'é-
» pouvante gagne..... car c'est moi qui suis le mau-
» dit!... »

Ici, l'ombre maternelle se tait et elle semble attentive, car, tout à coup, dans le lointain, et du sein des montagnes solitaires, un bruit se fait entendre; et elle voit son fils prêter l'oreille à des accents bénis..... c'est le bruit de l'*airain* sonore qui retentit dans les montagnes où il court.....

« O ma fille! s'écrie alors l'ombre maternelle, regarde bien comme moi, et sois attentive..... Abdon lève les yeux au ciel..... merci, mon Dieu! Si le ciel, du moins, ne lui jetait pas le cri que les solitudes lui jettent, que les montagnes lui jettent, que tous les abîmes lui jettent, et que sa conscience lui jette par-dessus tout!

» Regarde, enfant, regarde..... maintenant qu'il dirige ses pas au bruit de la cloche sonore! Il y a longtemps déjà qu'il s'achemine vers les lieux d'où le son de l'airain arrive jusqu'à nous..... et c'est lui maintenant, c'est lui, ma fille, c'est votre frère, qui n'en pouvant plus de lassitude, d'horreur, et plutôt mort qu'en vie, frappe à la porte du monastère, au fond d'une vallée, entre deux montagnes couvertes d'arbres séculaires.

» La porte du monastère s'ouvre..... il pénètre dans l'enceinte..... Un homme, revêtu d'une robe de laine blanche, et la tête recouverte d'un capuchon blanc, l'accueille avec bonté, en lui disant : « Mon frère, la paix soit avec vous, » et il lève la main pour le bénir.....

» Mais Abdon : « Ne me bénissez pas, s'écrie-t-il » soudain, ne bénissez pas le maudit!..... écoutez-le, » et vous jugerez, à son crime, s'il est possible qu'il » espère encore une bénédiction! »

» Et maintenant, poursuit l'ombre maternelle, vois-tu, ma fille, ce qui se passe à cette heure dans le monastère? Abdon est aux pieds d'un saint religieux..... il est là depuis longtemps..... Sois attentive..... et toi-même, dis-moi, dis-moi, s'il est béni par l'ange aux pieds duquel il confesse son péché..... O désespoir! que vois-je tout à coup....... Abdon haletant, éperdu..... Abdon qui se roule dans la poussière aux pieds du religieux trappiste..... Abdon désespéré, livide, et murmurant des souvenirs funestes..... et puis le religieux qui s'échappe en s'écriant : « Maudit!..... »

A ce dernier mot, l'ombre maternelle fait silence, et les plus impérieuses sollicitations de la voix de Byblos ne peuvent obtenir un seul mot de plus. Peut-être l'ombre maternelle aurait-elle pu ajouter : « Il a offert le prix de ses blasphèmes contre Jésus, au prix de son pardon; et son argent et son or ayant été refusés, il a jeté sa bourse dans le temple..... »

Peut-être aussi aurait-elle pu dire qu'à force de repentir et de larmes, il a mérité son pardon, et qu'un jour on voit une tombe du monastère portant cette inscription tracée sur une croix de bois :

ICI REPOSE ABDON, QUI FUT SÉMINARISTE,
QUI FUT DEVS, ET FINIT PAR DEVENIR TRAPPISTE !

Sans doute le passant ne lirait pas sans une profonde surprise une telle épitaphe; mais serait-elle plus étonnante que les miracles dont les devs de Byblos ont offert le spectacle à Renan?

Quoi qu'il en soit, et parce qu'il n'y a rien d'impossible, après ce que nous avons déjà vu, je désire que la fin couronne l'œuvre, et qu'un jour les pieux pèlerins qui visiteront la Trappe de..... *versent des larmes avec des prières* sur le tombeau d'un séminariste devenu devs, et d'un devs devenu trappiste......

FIN.